Rainer Hein

Gartenkunst in Hessen

Spaziergänge durch historische Anlagen und Parks

SOCIETÄTS**VERLAG**

Abbildungen Schutzumschlag
Vorderseite: Blick auf die Schwaneninsel im Staatspark Kassel-Karlsaue.
Rückseite: Der Neptun-Brunnen im Bolongaro-Park im
Frankfurter Stadtteil Höchst.

Die diesem Buch zugrundeliegenden Beiträge gehen auf eine
Artikelserie in der Frankfurter Allgemeinen Zeitung zurück. Von August 1997 an
veröffentlichte die Rhein-Main-Zeitung der F.A.Z. in loser Folge die Reihe
"Historische Gärten in Hessen" und "Kleine Frankfurter Gartengeschichte(n)". Die
Autoren der einzelnen Beiträge sind Redakteure
und Mitarbeiter der F.A.Z.

Alle Rechte vorbehalten · Societäts-Verlag
© 1998 Frankfurter Societäts-Druckerei GmbH
Umschlag: Dagmar Ronneburg
Layout und Satz: Societäts-Verlag
Herstellung: Franz Spiegel Buch GmbH, Ulm
Printed in Germany 1998
ISBN 3-7973-0680-6

Inhalt

Gartenkunst mit Tradition

Was Hessen zu bieten hat

Nach dem Besuch des Schloßparks Wilhelmshöhe in Kassel ist Sacheverell Stevens ins Schwärmen geraten: Die unter dem Landgrafen Karl von Hessen-Kassel (1670–1730) entstandene Anlage mit Schloß und Kaskaden, Grotten und Terrassen lobte der englische Reiseschriftsteller in den höchsten Tönen "als eine der prächtigsten in ganz Europa, selbsten diejenigen zu Versailles, Frascati, Tivoli und anderen beschriebenen Orten nicht ausgenommen".

Das Lob des Briten mag man als Ausweis nehmen, daß hessische Gartenkunst Tradition hat – Stevens Visite liegt schließlich schon mehr als 200 Jahre zurück. Auch heute noch gehört das gewaltige, 240 Hektar große Areal zu den deutschen Parks, die sich mit den Schöpfungen monumentaler europäischer Gartenbaukunst messen können. Kassel und sein Umland mit dem gartenkünstlerischen Dreigestirn Schloßpark Wilhelmsthal, Wilhelmshöhe und Staatspark Karlsaue bildet jedoch keineswegs ein einsames, grünes Eiland in einer sonst eher kargen landschaftsarchitektonischen Einöde. An Gartenkunstwerken ist Hessen vielmehr ein reiches Bundesland. Zwischen Kassel und Darmstadt, Fulda und Weilburg liegen Gärten, Parks und Schloßanlagen, in denen vieles von dem Formenreichtum erhalten ist, den Architekten aus ganz Europa in Jahrhunderten hervorgebracht haben.

In ihnen ist auf eindrucksvolle Weise der sich immer wieder wandelnde Umgang des Menschen mit der Natur dokumentiert. Der Garten, so formuliert es die sogenannte Charta von Florenz, zeige das Idealbild der Welt: "Er ist ein Paradies im ursprünglichen Sinn des Wortes, das aber Zeugnis von einer bestimmten Kultur, einem Stil, einer Epoche, eventuell auch von der Originalität ei-

9

nes einzelnen schöpferischen Menschen ablegt." Jede Zeit gestaltet sich diesen "Paradiesgarten" neu: in klarer Struktur gebändigt wie im Barock oder unbändig verspielt als Renaissancegarten, zweckdienlich zur Eigenversorgung oder idealisiert als Naturlandschaft, einem Grundprinzip untergeordnet oder scheinbar ungestaltet, monumental als Ausdruck fürstlichen Machtanspruchs oder als geschützte Idylle, für die auserlesene Elite oder das Massenpublikum, als Ort der Besinnung oder Rahmen großer Feste.

Der hessische Gartenliebhaber hat das Glück, nahezu die ganze Vielfalt der Stile auf relativ engem Raum beieinander zu finden. So gibt die ehemalige Abtei Seligenstadt in dem von Mauern umgrenzten Konventgarten eine Anmutung mittelalterlicher Gartenkunst. Die großartigen Anlagen des Karlsbergs in Kassel, die Schloßgärten von Weilburg, Wiesbaden-Biebrich und Darmstadt machen den Blick frei auf die Landschaftsgestaltung der Aristokratie. Aus der Spätphase des Barock, dem Rokoko, stammt in Hessen der Schloßpark Wilhelmsthal bei Calden, der englische Landschaftsstil findet sich im Fürstenlager bei Bensheim-Auerbach oder Wilhelmsbad bei Hanau. In Frankfurt liegen, bedrängt von Hochhäusern und Straßenbändern, die Reste einst großer Patriziergärten. Hier wie dort begegnen dem Besucher zahlreiche der oft so raffinierten Gestaltungselemente, deren sich die Gartenkünstler über die Jahrhunderte hinweg bedienten: Wasserkaskaden und Brunnenfontänen, Teiche und Bachläufe, Irrgärten, Promenaden, Grotten, Labyrinthe, Menagerien. Zugleich kann er nachvollziehen, wie die Botanik dem jeweiligen Gestaltungswillen dienstbar gemacht wird durch die Auswahl der Pflanzen, ihre Komposition und Beschneidung.

Die Industrialisierung hat diese Entwicklung keineswegs beendet. In den vergangenen 100 Jahren wuchsen in den Städten die Erholungszonen für das Massenpublikum, Kurparks und Volksgärten, aber auch botanische Gartenanlagen, die der Forschung dienen. Es entstand die heute vielleicht beliebteste Form – der Familiengarten, der Karriere allerdings unter dem Namen seines Erfinders gemacht hat, des Leipziger Orthopäden Dr. Daniel Gottlob Moritz Schreber.

Zunehmend wird das gesamte Areal der Stadt zum Ort für Landschaftsgestaltung. Was unter Landgraf Karl noch der importierte "welsche" Gartenkünstler war, der aus seiner Heimat das wertvolle botanische Wissen um Gestaltung und Pflege mitbrachte, sind heute städtische Ämter und staatliche Verwaltungen; sie haben die Aufgabe übernommen, nicht nur vorhandenes Grün zu schützen, sondern wirken auch bei der Stadtgestaltung selbst mit, in der die Bewahrung des Vergangenen, die Gestaltung des Gegenwärtigen und die Planung des Zukünftigen zusammenlaufen. Nie ist dieser Prozeß abgeschlossen, wie die Planungen für einen Regionalpark Rhein-Main zeigen, und immer ist er für neue Gestaltungsformen offen, wie die Grünetagen im Commerzbank-Hochhaus in Frankfurt beweisen, wo die Gärtner dem (himmlischen) Paradies zumindest geographisch ein wenig näher gerückt sind.

So wird denn der kleine Rundgang durch historische Parks, zu dem dieses Buch animieren möchte, zu einem Spaziergang durch die Gartengeschichte des Landes, mit kurzen Ausblicken auf die europäische Gartenkunst insgesamt. Denn "hessisches" Gartenhandwerk war "multikulturell" schon unter Landgraf Karl, der sich seinen Gartenarchitekten Giovanni Francesco Guerniero aus Italien holte, oder unter dem frankophilen Grafen Johann Ernst von Nassau-Weilburg, der seine Residenzstadt der Mode gemäß zu einem Mini-Versailles ausbauen wollte.

Die in die Artikelfolge aufgenommenen Anlagen sind nur ein kleiner Teil der mehr als 300, die unter Denkmalschutz stehen. Der Leser findet in diesem Buch 30 bunte Steinchen vor, die noch kein vollständiges Mosaik hessischer Gartenkunst ergeben. Gleichwohl ist "Gartenkunst in Hessen" der Versuch, einen repräsentativen Querschnitt dieser Kunstform zu geben. Es wurden Anlagen ausgewählt, die für einen bestimmten Stil, einen bedeutenden Gartenarchitekten oder für einen großen Mäzen stehen; solche, deren Geschichte aufschlußreich und von Interesse sind oder weil es in ihnen komplexe und seltene Pflanzengemeischaften gibt. Und natürlich wurden Parks ausgewählt, die sich als Ausflugsziel für das Wochenende anbieten, die zum Flanieren einladen, zur Muse auffordern, zum absichtslosen Schlendern. Wie bei der Kunstbetrachtung generell verlangt auch der Garten, daß sich der Betrachter hineinziehen läßt in das Objekt der Beschauung - was in diesem Fall ganz räumlich gemeint ist. Dabei vertraut die Auswahl der These Hugo von Hofmannsthals, daß die Maße eines Gartens nebensächlich seien: "Was die Möglichkeit seiner Schönheit betrifft, so ist seine Ausdehnung so gleichgültig, wie es gleichgültig ist, ob ein Bild groß oder klein, ob ein Gedicht zehn oder hundert Zeilen lang ist."

Die Erhaltung der Gärten ist mit der Aufnahme in die Denkmaltopographie des Landes vorgeschrieben. Dies ist für dieses empfindliche Gesamtkunstwerk besonders wichtig. Gegenüber dem Baumaterial Stein handelt es sich um ein lebendes Gut, um Pflanzen, die wachsen und sterben und daher das Erscheinungsbild einer Anlage ständig verändern. Diese wertvollen Refugien für Bäume, Blumen und Tiere reagieren auf Umwelteinflüsse und den Menschen. Die Zahl der Besucher in den öffentlich zugänglichen Gartenanlagen beträgt nach groben Schätzungen vier bis fünf Millionen Menschen jährlich, und nicht selten kommen sie auf einen Schlag zu Tausenden, wenn italienische Startenöre ihren Auftritt haben, Vereine zum Reitturnier und Kommunen zum Bürgerfest laden. Der Nutzungskonflikt, der sich hier auftut zwischen dem Publikumsinteresse und dem, was ökologisch verträglich ist, ist schon lange vor der Verwüstung des Berliner Tiergartens durch die "Love Parade" zu einem Politikum geworden. Die amtlich bestellten Gartenpfleger und -schützer stehen vor neuen Aufgaben, die von ihnen auch ein großes Maß an Konfliktbereitschaft verlangen. Eine deutsche Eiche zum Beispiel kann viele hundert Jahre alt werden, aber es brauchen nur ein paar Liter Benzin aus dem Tank des Getränkelieferanten auszulaufen und ins Wurzelwerk zu dringen, und schon ist ein Schaden entstanden, der sich nicht auf Mark und Pfennig reduzieren läßt.

Insofern sind die Gartenkunstwerke, in der auf so beeindruckende Weise Kunst und Natur ineinander verwoben sind, heute Horte bedrängter Fauna und Flora oder, wie es der Leiter des Fachgebiets Gärten der hessischen Schloß- und Gartenverwaltung, Bernd Modrow, ausdrückt, "Inseln im Ozean der Begehrlichkeiten".

Das deutsche Nationalkomitee für Denkmalschutz hat sich 1995 und 1996 ausdrücklich des Themas angenommen. Auf einer Tagung haben die Experten versucht, die Bedrohung zu beschreiben. Sie warnten vor den zerstörerischen Folgen einer touristischen Übernutzung und kritisierten die schleppende geschichtliche Erforschung der Anlagen, Grundbedingung einer adäquaten Pflege; denn aus den Parkpflegewerken, den "grünen Gebrauchsanweisungen", erfahren die zuständigen Ämter überhaupt erst, wie sie mit dem Kunstwerk Garten umzugehen haben. Diese Grundlagenarbeit ist selbst bei der Hessischen Verwaltung der Staatlichen Schlösser und Gärten, die elf der schönsten und wertvollsten Gärten und Parks in Hessen betreut, noch nicht abgeschlossen.

Vielleicht kann dieses Buch auch in diesem Sinn aufklärend wirken. Denn nur wer sich des großen Erbes bewußt ist, das Hessen in seinen Gärten und Parks besitzt, wird auch angemessen, umsichtig und pflegend mit diesem Schatz umgehen.

Die aristokratische Gesellschaft fing wieder an, sich dem Natürlichen und Kreatürlichen hinzugeben. Die Elemente Wasser, Stein und Pflanzen werden nun auch in den Gärten "natürlich" arrangiert. Sie sollen wie jungfräulich wirken — als habe der Mensch niemals Hand angelegt. Frauenskulpturen wie diese Steinplastik im Park Wilhelmsthal zeigen eine leicht beschürzte junge Frau in ihrer "Natürlichkeit": mit Blumenschmuck auf dem Haupt und einem Ährenbund im Arm.

Park Wilhelmsthal

Ein Kleinod in Kurhessen

Abgeschieden, teilvollendet und daher auf besondere Weise schön offenbart sich Park Wilhelmsthal. In dem flach gewellten Land nördlich von Kassel, das eine Vorahnung von der Weite der wenige Kilometer weiter beginnenden westfälischen Bördelandschaft gibt, bietet das 35 Hektar große Areal allerlei Abwechslung. Hier gibt es Weiher, baumbestandene Hügel, romantische Winkel, Blickachsen und zierliche Wasserspiele aus der Zeit, als ein strenger Barock ins verspielte Rokoko überging. Und aus einer Senke erhebt sich das Rokokoschloß Wilhelmsthal. Wie andernorts ist das heute so natürlich anmutende Ensemble das Ergebnis sorgfältiger Landschaftsplanung und Gartenbaukunst, deren wechselnde Akteure im Lauf der Jahre die Vorlieben einer neuen Epoche gekonnt mit dem Erbe vorheriger Mode zu verflechten wußten.

Wo heute Schloß und Park Wilhelmsthal zu finden sind, stand schon in der ersten Hälfte des 12. Jahrhunderts ein Dorf, das — abgeleitet von dem Personennamen Amalgoto — Amelgoteshuson und später Amelgotzen hieß. Zu dieser Zeit dürfte es in den Besitz des Klosters Helmarshausen an der Diemel gelangt sein. Mehrfach wechselte Amelgotzen, dessen Gebäude Wassergräben umschlossen, den Besitzer, bis Landgräfin Amalie Elisabeth am 14. Juli 1643 das Anwesen zum Preis von 14.400 Reichstalern erwarb. In einer Zeit, da die Verheerungen des Dreißigjährigen Krieges den Wert des Bodens auf dem Lande gedrückt hatten, war das keine geringe Summe, die die Ehefrau des Landgrafen Philipp aufwandte. Amelgotzen, wo Amalie ihren Sommersitz einrichten wollte, hieß nun Amalien- oder Amelienthal. Von 1723 an gehörte das Gut Dorothea Wilhelmine von Hessen. Ihr Gemahl, der Urenkel der Anna

Amalie und spätere Landgraf Wilhelm VIII. (1751–1760), übernahm 1730 als Statthalter die Regierung in Kassel.

Vor allem Wilhelm, dem ein besonderes Kunstverständnis bescheinigt wurde, dürfte das Projekt Amelienthal, das später nach ihm benannte Wilhelmsthal, vorangetrieben haben. Der Überlieferung nach wollte er eine standesgemäße Park- und Schloßanlage, denn die anderen Kasseler Gärten, die Carlsaue oder der Weiße Stein

Die Ostfassade von Schloß Wilhelmsthal bei Calden. Das "Maison de Plaisance" des Landgrafen Wilhelm VIII. von Hessen. An der Planung wirkte der wallonische Architekt François de Cuvillie's (1695-1768) mit.

(die spätere Wilhelmshöhe) entsprachen offenbar nicht mehr dem damaligen Geschmack. 1743 begannen die Arbeiten am Park, 1749 wurde eines der beiden Flügel- oder Kavaliershäuser, 1753 das andere fertiggestellt. Erst jetzt riß man das alte Wohnhaus ein und errichtete den eigentlichen Schloßbau. Die Flügelbauten werden Charles du Ry zugeordnet, das Haupthaus soll sein älterer Sohn Simon Louis geplant haben. In die Arbeit war vermutlich auch François Cuvilliés, Architekt des Residenztheaters in München und des Lustschlosses Nymphenburg, einbezogen.

Die Schönheit des Schlosses wurde vielfach gelobt, sein Inneres zeugt von dem hohen Können der Kasseler Kunsthandwerkerschaft im 18. Jahrhundert. In kaum einem anderen Fürstenbau, erinnerte sich 1920 der Direktor der Landesbibliothek zu Kassel und Vorsitzende des Hessischen Vereins für Geschichte und Landeskunde, Hugo Brunner, trete die heiter-liebenswürdige Pracht des Rokoko so harmonisch rein in Erscheinung wie in Wilhelmsthal.

Was heute relativ bescheiden anmutet, wurde freilich mit Bedacht geplant und großzügig in die bestehende Kulturlandschaft eingepaßt. Das Schloß steht im Zentrum zweier Achsen. Die Ost-West-Achse reicht im Westen noch kilometerweit über den Park hinaus, führt in die unüberschaubare Weite, weil sie, vom Park aus unsichtbar, hinter einer Kuppe in einem Rondell endet. Nach Osten scheint sich die Achse in den angrenzenden Wald fortzusetzen. Die Nord-Süd-Achse ist — wie der gesamte Park — gen Norden kaum ausgebildet. Nach Süden aber reicht sie über die hügelige Topographie etwa zehn Kilometer bis zum Schloß Wilhelmshöhe. Noch heute heißt die Straße Rasenallee. Von Wilhelmshöhe aus führt die barocke Wilhelmshöher Allee wiederum ohne Schnörkel mitten ins Stadtzentrum. Demonstrativ von der Wilhelmshöhe und unauffällig aus der Wilhelmsthaler Senke heraus wird mit Bezug auf die Schlösser und den Herkules die Natur- und Stadtlandschaft in und um Kassel bis heute gegliedert. Der Park Wilhelmsthal sollte eigentlich einen fünfeckigen Grundriß erhalten, mit drei Eckpunkten im Osten und zwei im Westen, mit Achsen, die strahlenförmig auf das Schloß zuliefen. Doch der Siebenjährige Krieg (1756—1763) brachte die Arbeiten nahezu zum Erliegen. Wilhelm VIII. mußte die Residenz am 5. Juli 1757 verlassen, denn die Franzosen nahmen Kassel ein, und Wilhelmsthal erhielt eine teure französische Schutzwache. 1760 starb Wilhelm VIII. in Rinteln im Exil.

Mit der Schlacht von Wilhelmsthal, dem letzten großen Waffengang auf den westlichen Schlachtfeldern des Siebenjährigen Krieges, sollte der Ort in die Geschichte eingehen, nachdem Herzog Ferdinand von Braunschweig im Juni 1762 unvermutet zum Angriff auf die französischen Stellungen um Kassel übergegangen war. Am 24. Juni 1762 wurden die etwa 10.000 Mann zählenden Truppen der Franzosen von den um die Hälfte schwächeren Truppen Ferdinands geschlagen. Wilhelmsthal lag in der Mitte der französischen Aufstellung. Am Abend nach der Schlacht sollen im Park und Schloßhof unzählige gefangene und verwundete Franzosen gelegen haben, die Ferdinand zujubelten: "Tapferer General! Wären wir so gut angeführt worden, wir hätten auch gesiegt. Wir sind schlecht geführt worden, unsere unfähigen Generäle haben uns verraten!"

Der Nachfolger Wilhelm VIII., Landgraf Friedrich II., schickte den Künstler Tischbein den Älteren nach Braunschweig, um ihn als Dank für die Hilfe gegen die Franzosen die Familie von Herzog Karl I. von Braunschweig (Regentschaft von 1735 bis 1780), Herzog Ferdinands Bruder, malen zu lassen.

In Wilhelmsthal ließ Friedrich II. die Innenausstattung des Schlosses vollenden und den Park nach neuen Plänen ausbauen. Nur der Südteil war nach Wilhelms Vorstellungen errichtet worden. Er zeigt bis heute die Rokokostruktur mit seinen Wegen, den Putten und Figuren, dem Wasserbassin und den Wasserspielen, deren zahlreiche Düsen von beiden Seiten ein "W" wie Wilhelm mit zartem Strahl über die Wasserfläche zeichnen. Das Schmuckstück der Anlage aber muß einst die früh errichtete Grotte am südöstlichen Ende des Bassins gewesen sein. Der Kölner Kurfürst Klemens August, der mit Wilhelm VIII. befreundet war, hatte seinen Grottenkünstler Peter de la Potterie mehrfach nach Kassel gesandt, dem Landgrafen zu helfen. In einer zeitgenössi-

schen Schilderung Friedrich Christoph Schminckes heißt es: "Der Fußboden ist von Marmor und die Wände sind mit Moos, allerhand schrofichten und ausgefressenen Klippensteinen, zwischen welchen Schnecken und Muscheln von allerley Art sich sehen lassen, in gleichen mit blauen und anderen Berg- und Erzsteinen und Corallenzinken versetzt. Verschiedene aus Erz, Marmor und Muschelwerk verfertigte Drachen, Salamander und andere giftige Tiere und Insekten stehen oben herum." Der Besuch der schaurig-kitschigen Grotte mag, zumal abends bei bengalischer Beleuchtung und Wasserspielen im Park, allen Beteiligten große Freude bereitet haben. Und den Damen und Herren dürfte das furchteinflößende Interieur eine willkommene Gelegenheit gegeben haben, in rollenspezifisch idealer Ergänzung Furcht und Stärke zur Schau zu stellen und zu den sich daraus ergebenden Behaglichkeiten überzugehen. Die Innenausstattung der Grotte, die von einem Drahtgeflecht gehalten wurde, löste sich leider allzu rasch mit dem Rostfraß am Geflecht auf. Doch auch ohne den bunten Wand- und Deckenschmuck erscheint die Grotte nach heutigem Zeitgeschmack immer noch reichlich verspielt.

Erhalten ist aus Wilhelms Zeit ein wasserspendendes Bassin oberhalb der Grotte und die Hauptachsen des Parks. Die einstigen Chinesenhäuser sind jedoch verschwunden. Der Bau der Kaskaden-Anlage entlang der Ost-West-Achse, deren Wasserfall im regelmäßig angelegten Rokoko-Teich vor dem Schloß enden sollte, wurde nie abgeschlossen. Die Nordseite des Rokokogartens blieb unvollendet. Erst Landgraf Wilhelm IX., der von 1803 als Kurfürst Wilhelm I. regierte, wandte sich wieder Wilhelmsthal zu. Der Liebhaber wildromantischer Landschaftsszenen ließ den Rokokogarten in den Jahren 1796 bis 1806 nach Plänen des Landschaftsarchitekten Daniel August Schwarzkopf durch den Hofgärtner Karl Hentze und dessen Sohn Wilhelm im Stil des englischen Landschaftsgartens umgestalten. Die Grenze von relativ strenger Rokoko- und freier Naturlandschaft wurde durch konsequente Planung und Ausführung verwischt. Schlängelwege kontrastieren seither mit Achsen. Neue Pflanzungen schufen wie zufällig gewachsene Kleinteiligkeit inmitten der rokokoverzierten Geometrie. Im Norden geht der Park unmerklich in die Kultur- und Naturlandschaft über.

Die Steine der Kaskadena-Anlage an der Mittelachse wurden zum Bau des romantischen, mittelalterlich anmutenden Wartturms verwandt, den Simon Louis du Ry anstelle eines kleinen Rundtempels östlich des Schlosses Ende des 18. Jahrhunderts errichten ließ. Schließlich wurden die Kaskaden endgültig abgebrochen und die Mittelachse somit entwertet. Überdies wurde an der Südseite der strengen Mittelachse mit dem Bau des Turms eine Schrägachse errichtet. Wer heute vom Schloß nach Osten schaut, blickt eher zum Turm, als daß er die Mittelachse findet. Über die Wasserspiele, die Putten und die Grotte hinweg zieht es freilich den Blick in die scheinbar natürliche, in Wahrheit jedoch künstlich angelegte Hügel- und Waldlandschaft. Hier führen die Wege selbst den romantischsten Parkbesucher wiederum bis an das Ostende der Mittelachse zurück, wo er auf die Grundform eines Bassins trifft, das einmal Teil der Rokokoanlage werden sollte. Wenn die Kiefern, Lerchen

und Fichten, die hier wurzeln, in 30 oder 40 Jahren abgestorben sind, soll das lichte Rund durch den Anbau einer Alleenbepflanzung als ehemals geplantes Bassin wieder ins Blickfeld rücken. Einstweilen kann der Besucher von der Anhöhe über die Schloß- und Parkanlage hinweg weit nach Westen schauen, wo sich Park- und Nutz-Landschaft mischen und sich die verschiedenen künstlerischen Epochen mit der Gegenwart verbinden.

Schloßpark Wilhelmshöhe in Kassel

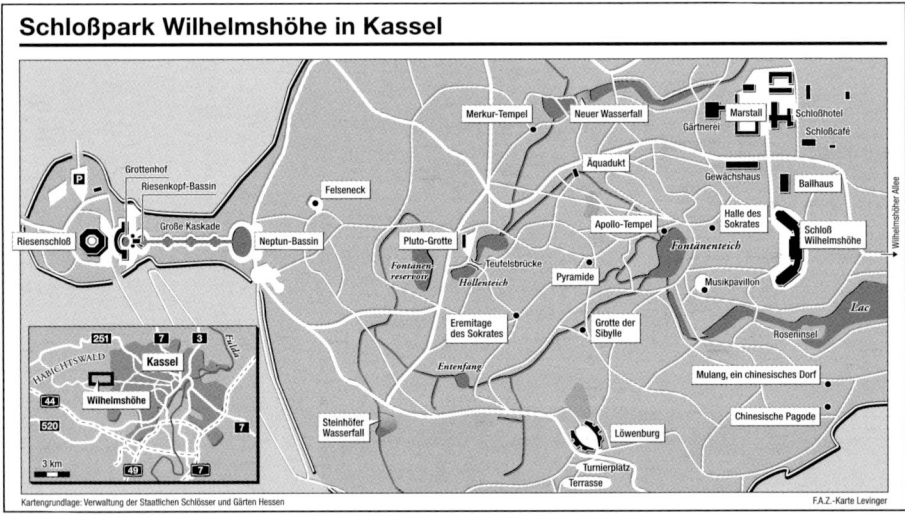

Kartengrundlage: Verwaltung der Staatlichen Schlösser und Gärten Hessen

F.A.Z.-Karte Levinger

22

Staatspark Karlsaue

Ein über Jahrhunderte gereiftes Kunstwerk

Die Kasseler Karlsaue bezaubert ihre Besucher und verzaubert den Alltag. In unmittelbarer südlicher Nachbarschaft der Innenstadt mit ihrem Autoverkehr, den Straßenbahnen und dem regen Geschäftstreiben auf der Königstraße erstreckt sich nördlich der Fulda auf zwei Kilometer Länge ein über Jahrhunderte gereiftes Gartenkunstwerk. Die gestaltete Landschaft ist reich an Prospekten und Perspektiven, hat zu jeder Jahreszeit ihren Reiz.

Im Winter schwingt das Eis des Küchen- und Hirschgrabens summend unter Hunderten von Schlittschuhkufen. Im Frühjahr vermittelt die blühende Insel Siebenbergen eine Vorahnung von der Schönheit der kommenden Monate. Im Sommer lädt die Karlswiese zum Ballspiel, Sonnen oder Lesen, während das Klacken der Boule-Kugeln im hellen Sand der breiten Wege den Flaneuren die Erinnerung an den jüngsten Frankreichurlaub wachruft. Die Nebel schließlich, die an späten Sommerabenden steigen, hüllen jene, die den Garten durchstreifen, in Melancholie, nähren die Sehnsucht nach dem Herbst.

Die Geschichte der Karlsaue, die nach der Kasseler Wilhelmshöhe mit 150 Hektar die zweitgrößte staatliche Parkanlage in Hessen ist, reicht ins 16. Jahrhundert zurück. Unter Landgraf Wilhelm IV., "dem "Weisen", der von 1532 bis 1592 regierte, wurde 1568 mit dem Bau eines Lusthauses und der Anlage eines Lustgartens in der sogenannten Voraue begonnen. Der Renaissancegarten lag zunächst am Ostrand der heutigen Karlsaue auf dem Gelände der Hessenkampfbahn. Landgraf Moritz, der von 1592 bis 1627 regierte und den Beinamen "der Gelehrte" trug, baute den Garten bis 1618 zur "Moritzaue" aus. Die Aue lag auf einer Insel, die von der Fulda

Inmitten des Staats-
parks liegt die Insel
Siebenbergen. Von
dort aus eröffnet
sich dieser traumhaf-
te Blick auf die
Schwaneninsel mit
dem kleinen Tempel
aus dem 19. Jahr-
hundert.

im Süden sowie einem Seitenarm des Flusses, der "kleinen Fulda", und dem Zulauf der Drusel im Norden umschlossen wurde. Von 1670 bis 1730 sollte Landgraf Carl
regieren. Unter seiner Regentschaft entstanden Kultur-
denkmale, die Kassel zu internationaler Geltung verhal-
fen. Eine dieser Anlagen ist die während Carls Regentschaft von der Moritz- zur Karlsaue umgestaltete Parklandschaft im Stil des Barock. Von 1701 bis 1714 ließ
Carl die Orangerie, ein zur Sommerresidenz ausgewach-
senes Pflanzen-Haus, errichten, später das nebenliegende
Marmorbad, das freilich nicht als Badehaus diente, sondern seinen Namen wegen der dargestellten Badeszenen
in seinem Inneren erhielt. Landgraf Carl soll das Marmorbad zu Ehren seiner Gemahlin Maria-Amalia errichtet haben. Man sagt, er soll sie wirklich geliebt, im Gegensatz zu anderen Landgrafen auf die Bereicherung seines fürstlichen Lebens durch Mätressen verzichtet
haben. In die Orangerie hat vor einigen Jahren das Museum für Astronomie und Technikgeschichte mit Plane-
tarium Einzug gehalten. Den historischen Kern der
Sammlung bilden die astronomischen Instrumente der
ersten neuzeitlichen Sternwarte Europas, die Wilhelm
"der Weise" 1560 auf seinem damaligen Schloß errichten
ließ.

Vor der Orangerie liegt die Karlswiese, im Halbrund
gesäumt von Skulpturen, darunter Caritas, Romana,

Hades, Vulkan mit Hammer und Amboß, die Friedensgöttin Eirene, zwei Rossebändiger, Pomona mit dem
Apfel, Vesta als Göttin des Herdfeuers, aber auch die
streitbare Amazone mit einem Kurzschwert. Strahlenförmig breiten sich von der Karlswiese die Wege, die
Alleen und Wassergräben aus. Alles geht von der Orangerie, dem Herrscherhaus, aus, alles läuft auf es zu. Die
Ordnung ist barock-perfekt, geradlinig, symmetrisch.
Zwischen den Hauptachsen des Parks markieren kleinere Wege ein schachbrettartiges Muster. Die Natur hatte
sich der Gestaltungskraft, dem Willen der Parkschöpfer
zu beugen. In der Mitte des Parks sollten abseits der
Hauptachsen zwei runde Wasserflächen geschaffen werden. Der Nebenarm der Fulda störte mit seinem organischen Verlauf das Bild, mußte zur Stadt hin weichen. Im
Norden, in Nachbarschaft des Küchengartens, entstand
der Küchengraben, im Süden der Hirschgraben. Beide
Wasserachsen sollten offenbar am westlichen Ende des
Parks in einem weiten Rund einmal miteinander verbunden werden, wozu es aber nicht kam. Doch sie umschlie
ßen das Große Bassin mit der Roseninsel und einem
Tempelchen, das exakt in der Mittelachse des Parks liegt.
Das Tempelchen ist sicherlich der schönste, nicht aber
der einzige "Blickpunkt" des großen Gartens. Carl, der
sich für die Gartenarbeit seiner Soldaten bediente, ließ
mit dem Erdreich, das beim Ausschachten anfiel, kleine
Kunstberge in der flachen Auenlandschaft errichten. So
entstanden der Theaterberg — mit Freilichtbühne —, der
Schneckenberg, der Käseberg sowie der siebte und letzte
der Berge: die Insel Siebenbergen. Ihr Grundriß mutet
an wie der einer Burg mit Wassergraben und Rundtürmen an den vier Eckpunkten. Die Form der Insel gleicht
mit ihrem flachen Hochplateau einer Pyramide, der die
Spitze fehlt. Siebenbergen ist heute noch der Abschluß
der Karlsaue im Westen, aber nicht mehr der weithin
sichtbare Blickfang und Aussichtspunkt, denn die Nachfolger Carls und Friedrichs II. (1760 bis 1785), also Landgraf Wilhelm IX., der von 1803 an als Kurfürst Wilhelm

Die blühende Vege-
tation ist eine der
Attraktionen des
Staatsparks. Oft
wird die Insel Sieben-
bergen mit der Blu-
meninsel Mainau im
Bodensee verglichen.

I. regierte, und Kurfürst Wilhelm II., hatten – dem Zeitgeist folgend – einen anderen Geschmack. Kein staat-
licher Denkmalpfleger hinderte sie daran, den alten Park
im neuen Geist umzugestalten. Die barocke Karlsaue
wandelte sich zum Landschaftspark.

Die landschaftsarchitektonische Umgestaltung begann
1793 unter Garteninspektor Daniel August Schwarzkopf
und wurde unter dem späteren Hofgartendirektor Wil-

helm Hentze (1822 bis 1864) im wesentlichen vollzogen.
Schwarzkopf ließ Barockfelder roden, die Flächen zwischen den Achsen aufforsten, damit die aufwachsende
Natur die strenge Geometrie zerstörte. In Lauf- und
Blickachsen wurden Bäume gepflanzt. Jahrzehnte später
fiel Hentze die Aufgabe zu, durch Auslichten, Femel-
und Plenterhieb, das Ausschälen von Flächen aus dem
vollen Baumbestand, den romantischen Landschaftspark
zu formen. Für Nikolaus Backes, stellvertretender Außenstellenleiter der Karlsaue, ist die Veränderung des
schöpferischen Wirkens seiner Vorgänger tabu: "Hentze
ist die Vorgabe, nach der wir uns richten. Es gilt, die Verbindung von Barock- und Landschaftspark zu erhalten."

Freilich sind die Hauptachsen, der Küchen- und
Hirschgraben, geblieben, entlang deren 973 Eichen

Schatten spenden. Die ältesten noch vorhandenen Eichen stehen in der "Dunklen Allee" und sind bis zu 300 Jahre alt. Der Theaterberg ist mittlerweile bewachsen. Das Schachbrettmuster der Wege drängt sich dem Spaziergänger wegen des hohen Baumbestandes visuell nicht auf. Nur der geübte Betrachter wird die kreisrunden Flächen der einst geplanten Teiche entdecken, die mit etwa 160 Meter Durchmesser den Restaurant- und Reitzirkel bilden. Den nördlichen Restaurantzirkel umfaßt eine doppelte Lindenreihe mit Rundweg. Davon ausgehende Achsen wurden durch Pflanzungen unterbrochen. Der an der Hauptachse nach Süden gespiegelte Reitzirkel ist schwerer zu entdecken. Seinen Innenkreis markieren Pyramideneichen, den Außenkreis — statt der Hainbuchenhecke aus der Barockzeit — Roteichen. Wer zur Mittelallee hin auf Distanz zum Reitzirkel geht, erkennt die Kreisstruktur, sonst bleibt der Roteichenring hinter anderen Pflanzen verborgen, so als sehe man den Wald vor lauter Bäumen nicht.

Zwei Veränderungen für die Aue und deren Umfeld brachten die beiden Bundesgartenschauen. Mit der Bun-

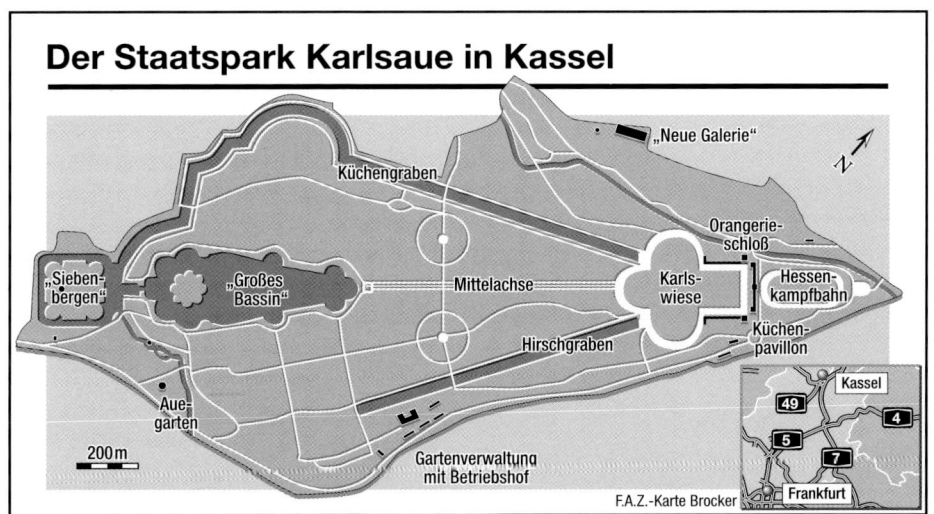

Der Staatspark Karlsaue in Kassel

"Neue Galerie"

Küchengraben

Orangerie-schloß

"Sieben-bergen"

"Großes Bassin"

Mittelachse

Karls-wiese

Hessen-kampfbahn

Hirschgraben

Küchen-pavillon

Aue-gärten

200 m

Gartenverwaltung mit Betriebshof

F.A.Z.-Karte Brocker

Kassel

49

4

5

7

Frankfurt

desgartenschau (Buga) 1955 wurde der Fährbetrieb zur Insel Siebenbergen eingestellt. Die Insel, auf der im Frühjahr ungezählte Krokusse, Schneeglöckchen, Winterlinge und Hundszähne blühen und auf der Jahr für Jahr allein 40.000 Sommerblumen bis Mitte Juni neu gepflanzt werden, ist seither über eine Brücke zu erreichen. Anfang der achtziger Jahre entstand auf der Südseite der Fulda eine Kunstlandschaft nach heutigem Geschmack. Frühere Baggerlöcher bilden eine phantastische, weitverzweigte "Buga"-Seenlandschaft mit kleinen Sandstränden, schattigen Plätzen unter hohen Bäumen, lauschigen Orten im Schilf und freilich viel Platz für Schwimmer, Surfer, Ruderboote, Modellboote, Fischschwärme, Schwäne, Enten, Wasserhühnchen. Eine Million Gäste, Spaziergänger, Jogger, Müßiggänger oder Träumer, kommen jedes Jahr in die Karlsaue, lassen sich vom Zauber fürstlicher Gartenkunst umfangen.

Schloßpark Wilhelmshöhe

Für Mutter Schopenhauer ein Weltwunder

Seit beinahe 300 Jahren wacht Herkules auf seiner Säule über dem Oktogon über das Kasseler Becken. Den linken Arm auf die Keule gestützt, blickt er vom Habichtswald bis zum Meißner und bei klarer Sicht zum Inselsberg im Thüringer Wald. Unter ihm liegt das Kampffeld der Gigantenschlacht aus der griechischen Mythologie, das er als Sieger überragt. Der Held steht ungerührt. Der Streit, den seine Gegner und Freunde schon früh über seine ästhetische Qualität, seinen Sinn oder Unsinn stritten, ließ ihn kalt. Goethe beschimpfte den nach seinen Worten "ungeheuren Confeckt Aufsatz", Johanna Schopenhauer hingegen, Mutter des Philosophen Arthur Schopenhauer, hielt den "Winterkasten auf Weißenstein" für das achte Weltwunder, schwärmte von einem "kolossalen Traumbild". Abseits des Streits unter den Gelehrten und ungeachtet des jeweils aktuellen politischen Systems hat sich der Kasseler Herkules seit Jahrhunderten Tag für Tag einem Plebiszit gestellt, dessen Ergebnis für ihn gleichbleibend positiv ausgefallen ist. Ungezählte Millionen von Besuchern haben seit Errichtung der Kaskadenanlage mit den Füßen abgestimmt. Begeistert waren sie fast alle. Heute wird die Besucherschar im Park Wilhelmshöhe auf zwei Millionen im Jahr geschätzt.

Die Kasseler Wilhelmshöhe ist freilich mehr als nur die Zusammenfügung von Einzelbauwerken wie dem Herkules, den Wasserspielen, dem Schloß oder der Löwenburg. Hier wird Architektur inszeniert, um die Wirkung der von Natur aus schönen Landschaft zu steigern. Auch mit dem Hinweis auf Daten wie die 240 Hektar Fläche, das 45 Kilometer lange Wegenetz, die 22 Teiche und zwölf Kilometer Wasserläufe ist Europas größter Bergpark nicht hinreichend beschrieben. Schließlich ist

Seit nahezu 300
Jahren blickt Hercu-
les über das Kasse-
ler Becken. Die Kas-
kadenanlage ober-
halb des Apollo-
Tempels, der hier zu
sehen ist, ist der
Publikumsmagnet
des Parks. Die
Besucherzahl wird
aus zwei Millionen
im Jahr geschätzt.

die Parkanlage das Ergebnis des Reifeprozesses, der von
der geologischen Tertiärzeit bis in die Gegenwart reicht.

Einst war hier ein Meer. Unter seiner Last wurde der
Quarzitsand zu einem weichen, weißen Stein gepreßt.
Als sich Vulkane erhoben, die schließlich zum Höhen-
zug des Habichtswaldes erstarrten, schleuderten sie die
Quarzitsandsteinbrocken nach oben, die dem Ort später
seinen Namen geben sollten: Weißenstein. Auf dem
Weißenstein stand schon im Mittelalter ein Nonnenklo-
ster an der Stelle des heutigen Schlosses Wilhelmshöhe.
Es verschwand nach der Säkularisation. Wo es gestanden, errichtete Landgraf Moritz der Gelehrte 1606 ein
Sommer- und Jagdschloß. 64 Jahre später kam im Alter
von damals 24 Jahren Landgraf Carl an die Macht. Den
kunstinteressierten und ambitionierten Landgrafen, der
in der Nähe der Stadt die Karlsaue bauen ließ, inspirier-
te eine Italienreise zum Bau einer phantastischen Kaskadenanlage auf dem Weißenstein. Von der Reise brachte

er den italienischen Architekten Giovanni Francesco Guerniero mit. Er beplante die gesamte, fast drei Kilometer in der Länge messende Fläche zwischen dem Schloß und dem heutigen Herkules über einen Höhenunterschied von knapp 300 Metern hinweg mit einer gigantischen barocken Kaskadenanlage. Kaum war Landgraf Carl von der Italienreise zurück, ließ er 1701 den Bau beginnen. Der Weißenstein mußte seinen Namen büßen, hieß für die nächsten Jahre Carlsberg.

Während der Bauzeit zeigte sich, daß die ursprünglichen Pläne nicht zu verwirklichen waren. Mehr als Finanznot dürfte es der gewandelte Zeitgeist gewesen sein, der Landgraf Carls Pläne in einem anderen Licht erscheinen ließ. Auch in der Familie des Landgrafen regte sich Widerstand gegen die Kaskadenanlage. Carls Sohn, König von Schweden, soll auf die Frage, wie ihm die Parkanlage des Vaters gefalle, geantwortet haben, "es fehle nehmlich nur eines daran, nehmlich zualleroberst ein Galgen, um den Angeber daran zu hengen". Dieser Vorschlag wurde zwar nicht verwirklicht, aber der Bau der Kaskadenanlage 1717 beendet. Obwohl das Bauwerk lediglich zu einem Drittel verwirklicht worden ist, triumphiert bis heute im Westen über Kassel das größte Monument und Dokument italienischen Barocks nördlich der Alpen.

Landgraf Carl starb 1730. Erst sein Enkel, Landgraf Friedrich II., der von 1760 bis 1785 regierte, nahm sich der Anlage wieder an, stellte den Hofgärtner Daniel August Schwarzkopf ein, der in Kassel von 1766 bis 1817 wirkte. Langsam begann sich der streng gegliederte Barock- in einem romantischen Landschaftspark zu wandeln. Schwarzkopf betrieb eine der größten Baumschulen Deutschlands, schuf mit der "Perle von Weißenstein" die erste deutsche Zuchtrose; heute blühen im Park mehr als tausend verschiedene Sorten.

Friedrich II. ließ in der Innenstadt das Museum Fridricianum eine Novität in Kontinentaleuropa – bauen, führte das Lottospiel in Hessen ein und begründete die

Brandversicherung, die spätere Kasseler Brandkasse. Im Park am Carlsberg ließ er von 1782 bis 1785 das Dorf Mulang bauen, eine landwirtschaftliche Anlage in chinesischem Baustil. Vom Dorf stehen nur noch wenige Häuser. Erhalten sind aus der Zeit Friedrichs II. die Pyramide, das Grabmal des Vergil, das Felseneck, die Plutogrotte, der Merkurtempel, die Halle des Sokrates sowie größere Nebengebäude wie der Marstall oder das Kavalierhaus neben dem heutigen Schloßhotel und der Spielbank.

Unter dem Nachfolger Friedrichs II., Wilhelm IX., der von 1803 als Kurfürst Wilhelm I. regierte, wurde der Carlsberg in Wilhelmshöhe umbenannt und der Wandel zum Landschaftspark englischen Stils vorangetrieben. Die acht Kilometer lange barocke Achse, die noch heute mit der Wilhelmshöher Allee in der Innenstadt beginnt und über das Schloß und die Kaskaden bis zum Herkules reicht, wurde erhalten, aber die Querachsen verschwanden.

Wilhelm ließ mit dem Schloß Wilhelmshöhe den letzten bedeutenden Schloßbau Europas errichten. Im Schloß sind heute die Antikensammlung und die weltbekannten Bilder der alten Meister untergebracht. Letztere sind seit Jahren nicht im Schloß zu sehen, weil sie wegen dringend anstehender Renovierungsarbeiten ausgelagert werden mußten. Mehr als 11 000 Bürger fordern mit ihrer Unterschrift, dem Schloß mit dem Wiederaufbau der im Krieg zerstörten Kuppel seine ursprüngliche Form zurückzugeben. Doch dafür fehlt wohl das Geld. Der südliche Weißensteinflügel ist historisch eingerichtet und kann besichtigt werden. Kassel hat darin eine der großen Sammlungen von Möbelstücken des Empire. Sie stammen aus der Zeit, als Napoleons Bruder Jerome für kurze Zeit von der Wilhelmshöhe aus das Königreich Westfalen regierte. Jerome soll nur drei Worte Deutsch gesprochen haben: "Morgen wieder lustig."

Wilhelm ließ die barocken Wasserspiele mit den neuen romantischen verbinden. Seither laufen die Wasser

Europas größter Bergpark will erwandert sein: Das Wegenetz auf der 240 Hektar großen Fläche ist 45 Kilometer lang. Wer die Höhe erklommen hat, blickt auf das drei Kilometer entfernte Schloß.

(wie die Kasseler sagen) nicht nur die Kaskaden herab, sondern beleben den Steinhöfer Wasserfall, durchrauschen die Teufelsbrücke, stürzen vom Aquädukt und münden dann erst in die bis zu 40 Meter hohe Fontäne. Die Wasserspiele werden aus zwei Reservoirs gespeist, die sich im Winter und Frühjahr füllen. Abgesehen davon, daß Rohrleitungen oder Schieber erneuert werden muß ten, funktioniert die alte Technik bis heute.

Unter Wilhelm wurden Landschaftsbilder geschaffen. Die dazugehörigen Bauwerke sollen die Wirkung der Bilder ermöglichen oder verstärken. Die Löwenburg zum Beispiel, der erste Phantasiebau eines Schlosses noch weit vor Schloß Schwanstein, war zunächst als gotische Ruine geplant. Der von Ritterleben, Ritterwaffen, -rüstungen und -romanen begeisterte Wilhelm besann sich erst später darauf, eine verkleinerte Ritterburg bauen zu lassen, in der er sich letztlich – als Ritter – bestatten ließ.

Die Löwenburg vermittelt dem Besucher von der einen Seite mit der großen vorgelagerten Wiese und dem Obstgarten Heiterkeit, von der anderen Seite mit der Wolfsschlucht den Eindruck von Dunkelheit, Enge und Bedrohlichkeit. Sie steht für die Gegensätzlichkeit, die dieser Park zu seinem einzigartigen Wesen vereint. Dialektisch wechseln hier Groß und Klein, Laut und Leise, Hell und Dunkel, Weit und Eng und gelangen in ihrer gekonnten Wechselwirkung zu neuer Qualität. Weit reicht der Blick vom großen Schloßbau über das Bowlinggreen bis zum Herkules. Tritt der Besucher aber am südlichen Weißensteinflügel des Schlosses durch eine der von Baumgruppen gebildeten Pforten, gelangt er auf enge, sich windende Treppen, die von moosbegrünten Steinen begrenzt werden. Wilhelmshöhe ist ein Ort von spannungsreicher Harmonie, der Vielfalt und Inspiration. Langeweile ist seinen Besuchern fremd.

Schloßpark Wilhelmshöhe in Kassel

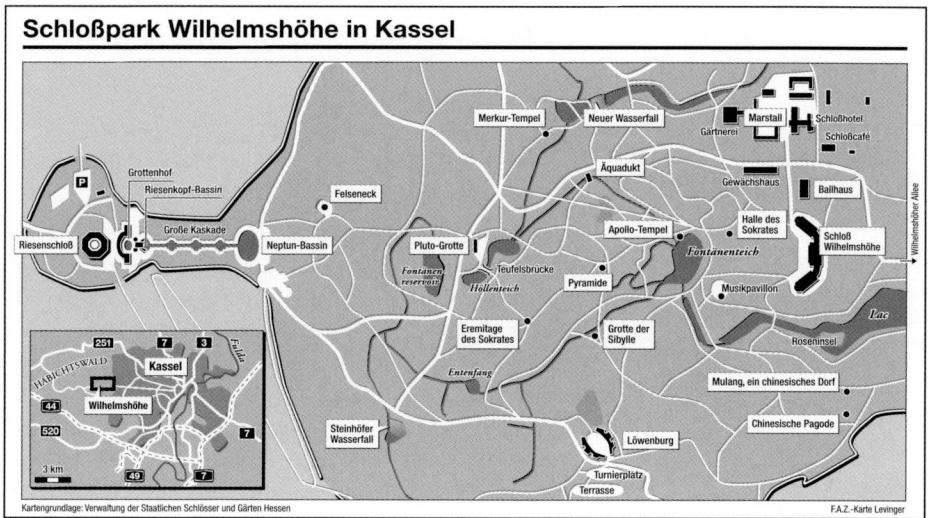

Kartengrundlage: Verwaltung der Staatlichen Schlösser und Gärten Hessen   F.A.Z.-Karte Levinger

"Eine große landschaftliche Gartenanlage in meinem Sinne muß auf einer Grundidee beruhen. Sie muß mit Konsequenz und, wenn sie ein gediegenes Kunstwerk werden soll, so viel als möglich nur von einer leitenden Hand angefangen und beendigt werden."

HERMANN FÜRST PÜCKLER-MUSKAU

35

Botanischer Garten in Gießen

Ein Weltreich der Pflanzen

An grünen Oasen mangelt es der mittelhessischen Hochschulstadt nicht. Bei der Anlage, die sich hinter dem Alten Schloß ausbreitet, handelt es sich freilich um ein Kleinod, wie es nur in wenigen Städten zu finden ist. Wer eine der beiden Pforten des Geländes inmitten der Stadt passiert hat, betritt eine Art Weltreich der Pflanzen, das sich in rund einer Stunde erschließen läßt. Ungefähr 8000 verschiedene Arten, die in aller Herren Ländern beheimatet sind, gedeihen auf einer Fläche von rund vier Hektar im Freien sowie in Gewächshäusern. Der botanische Garten der Gießener Universität zählt nicht nur zu den vielfältigsten Lehrgärten, sondern er ist auch einer der ältesten botanischen Hochschulgärten in Deutschland, dessen historische Teile noch zur Gesamtanlage gehören, wie sie sich heute präsentiert.

Die Anfänge gehen auf das Jahr 1609 zurück, als Landgraf Ludwig V. der medizinischen Fakultät — die Universität war zwei Jahre zuvor gegründet worden — ein etwas mehr als 1000 Quadratmeter großes Grundstück des Parkgeländes am Alten Schloß für einen "Hortus medicus", einen Heilpflanzengarten zur Verfügung stellte. Zu jener Zeit hatte die Botanik erst begonnen, sich als Wissenschaft zu entwickeln. Wenige Jahrzehnte zuvor waren die ersten Kräuterbücher in deutscher Sprache erschienen, wie Wolfgang Schultka, wissenschaftlicher Leiter des botanischen Gartens, erläutert. Seinerzeit ging es zunächst darum, vor allem Pflanzen, die für die Verwendung in der Heilkunde in Frage kamen, durch Beobachtung und Beschreibung genauer kennenzulernen. Dem dienten die ersten Universitätslehrgärten. Erster Leiter des Hortus medicus in Gießen war Ludwig Jungermann, Professor für Medizin und Botanik, der sich bald einen Ruf als Pflanzenkenner erwarb. Er schuf

Farbenspiele in Gießen: Im botanischen Garten der Universität, einer der ältesten seiner Art in Deutschland, stößt der Besucher auf 8.000 Pflanzensorten.

ein für die damalige Zeit beachtliches Herbarium mit rund 2.000 Gewächsen. "Damit die für das Gedeihen der Pflanzen erforderliche Ruhe" hergestellt werde — Berichten zufolge sollen immer wieder streunende Ziegen an den von Jungermann gehegten Kräutern geknabbert haben —, ließ er den Garten mit einer Mauer umgeben. Die erhoffte Ruhe währte freilich nicht lange. In den Wirren des Dreißigjährigen Krieges verfiel der Garten. Als die Hochschule 1650 von Marburg nach Gießen zurückkehrte, bemühte man sich freilich alsbald um die Wiederherstellung des Hortus, was wegen des

Mangels an Pflanzen und Gewächsen nur schleppend voranging. Auch wenn in den folgenden Jahrzehnten ein erstes Überwinterungshaus entstand, fristete der Garten bis in das 19. Jahrhundert ein eher bescheidenes Dasein.

Das änderte sich, als der Medizin- und Botanikprofessor Johann Bernhard Wilbrand 1817 die Leitung übernahm, der zu den Bewunderern Goethes und seiner naturwissenschaftlichen Arbeiten zählte. Ihm kamen die wissenschaftlichen Fortschritte in der Botanik zugute, mit der auch die Bedeutung von Lehr- und Forschungsgärten wuchs. Unter Wilbrand gelang es, den botanischen Garten beträchtlich zu erweitern. So wurde der Universitätsforst in die Anlage integriert, und später kam weiteres Gelände an den ehemaligen Wallanlagen hinzu. Damit verbunden war die Umgestaltung des Gartens, unter anderem mit dem Aushub eines Teichs als Wasserreservoir. Um die Jahrundertwende vollzog sich abermals ein Wandel, als der Garten neu gegliedert wurde, wobei nunmehr strengere Auswahlkriterien im Vordergrund standen, um Lehre und Forschung eine breite Palette von Gattungen und Arten präsentieren zu können. Bei dieser Neukonzeption entstand das Tropenhaus. Gegen Ende des Zweiten Weltkrieges fiel ein Teil des Gartens den Bomben zum Opfer. Der Wiederaufbau erstreckte sich bis in die fünfziger Jahre, einhergehend mit der Anlage neuer Abteilungen und dem Bau eines Warmwasserpflanzenhauses.

Mit wachsenden Studentenzahlen und der Einführung botanischer Pflichtveranstaltungen für immer mehr Studiengänge mußten in den zurückliegenden Jahren vor allem die Anbauflächen vergrößert werden, die in den Hochschulkursen zur Bestimmung und Auswertung benötigter Pflanzen wichtig sind. Neue Forschungsschwerpunkte erforderten beispielsweise die Erweiterung der Sammlung tropischer Kulturpflanzen oder den Aufbau einer Abteilung bestandsgefährdeter Gewächse. Bedeutung hat der botanische Garten nicht zuletzt als Börse für Samen und Setzlinge. So ermöglicht der Tausch mit pflanzenkundlichen Einrichtungen im In- und Ausland, auch Raritäten aus entlegenen Gegenden der Erde zu züchten. Seit Stadt und Universität eine Nutzungsvereinbarung trafen, hat sich der Hortus auch zu einem Ziel von Spaziergängern und Laienbotanikern entwickelt. Die Leitung des botanischen Gartens hat dem Rechnung getragen. So wurden die Öffnungzeiten verlängert, die Gewächshäuser allen Pflanzenliebhabern zugänglich gemacht. Es werden Führungen angeboten, und die Hinweistäfelchen an den Pflanzen sind nun für jedermann verständlich. Zudem entstanden neue Wege, die alle Rabatten miteinander verbinden. Bänke bieten Gelegenheit zur Rast.

Dem Gießener botanischen Garten liegt zum einen das Konzept der sogenannten systematischen Einteilung zugrunde. Die Pflanzen sind also, ähnlich dem Aufbau zoologischer Gärten, in einzelnen Abteilungen ihrer Verwandtschaft entsprechend geordnet, von der Familie über die Gattung bis zur Art. So führt der Weg durch die Rabatten der Rosengewächse beispielsweise über scheinbar verschiedene Gewächse wie Rosen- und Himbeersträucher bis zu den wildlebenden Arten wie Weinund Hundsrose und den aus der Zucht hervorgegangenen Zierrosen. Eine weitere Einteilung erfolgt nach Lebensräumen. So gedeihen im Alpinum die unterschiedlichsten Hochgebirgsgewächse, vom Edelweiß aus den bayerischen Alpen bis zu den rot blühenden Hanggewächsen aus dem Himalaja. Andere Rabatten vermitteln auf kleinem Raum einen Eindruck von der Vielfalt der Gräser, die in den Steppen der Erde zu Hause sind. Die Beete der kulturhistorischen Abteilung geben Einblick in die Geschichte von Ackerbau und Obstanbau, von Getreidearten wie Gerste und Hirse über die Kartoffel bis zu modernen Züchtungen. Über dem Gewürz- und Heilkräutergarten liegt der Duft von Thymian, Lavendel oder Salbei. Zu den Attraktionen zählen insbesondere die Exoten in den Gewächshäusern. Neben Bananenstauden, Kakaobäumen oder Kaffeesträuchern gedeihen dort auch insektenfressende Pflanzen wie die Venusfliegenfalle, deren prächtige Scheinblüten zuklappen, sobald sich dort ein Tier niederläßt. Wer sich in die drückende Hitze unter dem Dach des Warmwasserhauses begibt, wird belohnt. Die Riesenseerose aus dem Amazonasgebiet mit einem Blattdurchmesser von mehr als einem Meter gehört zu den Raritäten botanischer Sammlungen. Ihre schillernd weiße Blüte bekommen die Besucher freilich nicht zu sehen, denn sie treibt in der Nacht. Meist schon beim Anbruch des Morgengrauens ist es mit der Pracht wieder vorbei. Zum Verweilen lädt nicht zuletzt ein malerischer Park ein, der Lehrgärten und Gewächshäuser säumt. Dort wurzelt auch ein aus

dem späten 18. Jahrhundert stammender Ginkgo – ein
Exemplar, das zu den ältesten seiner Art zählt.

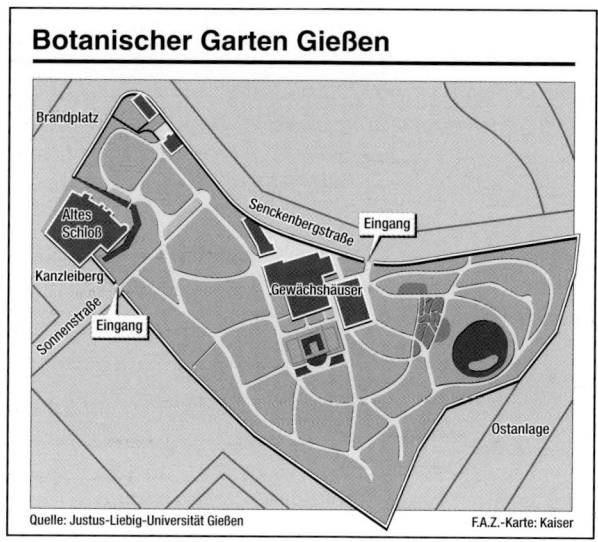

Botanischer Garten Gießen

Brandplatz

Altes
Schloß

Senckenbergstraße

Eingang

Kanzleiberg

Gewächshäuser

Sonnenstraße

Eingang

Ostanlage

Quelle: Justus-Liebig-Universität Gießen

F.A.Z.-Karte: Kaiser

Schloßgarten Weilburg

Mit Cafehaus in der Orangerie

Vermutlich ist zur Sommerzeit die "Kavaliersperspektive" für viele Spaziergänger der reizvollste Ausblick in den Schloßgarten von Weilburg. Auf dem Dach der unteren Orangerie stehend, schaut der Besucher — wie einst der Kavalier vom Wall seiner Festung — auf das Parterre herab, wo sich ein Barockgarten ausbreitet, wie er typischer kaum sein kann: Vier Kompartimente schließen einen blumenumrankten Marmorbrunnen ein, mit einem goldenen Lurenbläser auf der einen und einen Cymbalspieler auf der anderen Seite, eingerahmt von Mauerwerk, an dem sich Obstspaliere entlangziehen, und bepflanzt mit Blumen, die hier in allen Farben von Mai bis Mitte Oktober leuchten.

Schon Graf Johann Ernst von Naussau-Weilburg dürfte gegen Ende seiner Regierungszeit 1719 hier gestanden und auf sein frisch geschaffenes Gartenkunstwerk herabgeblickt haben, und vermutlich war er von Stolz erfüllt, weil das Ergebnis so französisch war. Weilburg sollte schließlich, so wollte es der frankophile Herrscher, eine Nachbildung von Versailles werden, wenn auch nur im Miniaturformat.

Ganz so bunt, wie der Barockgarten sich heute in den Sommermonaten darbietet, war er zur Zeit des Grafen jedoch nicht. Während heute Begonien, Zinnien, Lobelien und Vanilleblumen blühen, erfreute sich die aristokratische Weilburger Gesellschaft an Klatschmohn und Mariendistel, Calendula und Löwenmäulchen. Das waren die zeitgemäßen Gewächse, die als Zierpflanzen Verwendung fanden, die Gartenmeisterin Katharina Brunsing heute aber nicht mehr aussetzt. "Es hat den Leuten mißfallen. Die alten Pflanzen blühen kürzer, und außerdem sieht das ganze mehr wie eine Wildnis aus." So ist sie dem Publikumsgeschmack gefolgt und zu den gängigen

Sorten zurückgekehrt, die jedoch künftig — historisch korrekt — als Rasterpflanzung ausgebracht werden. Im übrigen ist es im Falle des Weilburger Schloßgartens eine schwer zu beantwortende Frage, was "historisch korrekt" ist. Landgraf Johann Ernst, der von 1675 bis 1719 regierte und den unteren, jüngsten Teil des Gartens anlegen ließ, war nicht der erste Baumeister an Schloß und Garten. Vielmehr hat er im "dritten Bauabschnitt" fortgeführt, was ihm seine Vorfahren überlassen hatten. Allerdings gab er der Weilburger Anlage jene Grundstruktur mit den beiden dominanten Orangerien und terrassierten, von Stützmauern und Balustraden umgebenen Gartenräumen, die der Besucher heute noch vorfindet und die den Charakter des Anwesens bestimmen.

Die Details der Ausgestaltung dieser typischen Kleinresidenz des Absolutismus, wie es in Reiseführern heißt, sind jedoch zum großen Teil historisch kaum verbürgt. Das gilt auch für den Barockgarten, der seine jetzige Gestaltung 1936/37 bekam, als die damals noch Preußische Schlösserverwaltung zu Berlin ihn nach allgemeinen Mustern rebarockisierte.

Für den ersten Spatenstich zum Schloßgarten war Graf Albrecht von Nassau-Weilburg (1559—1593) zuständig, der die Kavaliersperspektive noch nicht genießen konnte, weil seine Renaissanceanlage dort endete, wo heute die untere Orangerie steht. Das Areal südlich des Schlosses war nur etwa 1,5 Hektar groß und schloß zur Lahnseite mit einer gewaltigen Stützmauer und einem Gebück ab. Man vermutet, daß zwischen 1564 und 1574 der Mode gemäß "welsche Gärtner" am Werk waren. Viel mehr verraten die historischen Quellen nicht; Skizzen oder Zeichnungen, die einen Eindruck vermitteln könnten, wurden nicht überliefert.

Etwas mehr weiß man über das Werk Graf Friedrichs (1655—1675), der während seiner Regentschaft den Garten umgestaltete. Der obere Schloßgarten — den unteren gab es wie gesagt noch nicht — muß damals sehr viel prunkvoller ausgestattet gewesen sein, als dies heute der

Fall ist. Zwar fehlten Orangerie und Kirche, es gab jedoch viele der Elemente, die den Charakter eines Renaissancegartens ausmachten.

Die eigentliche "Bauwut" aber brach über Weilburg unter Graf Johann Ernst herein, der inspiriert und voller Tatendrang von seinen Reisen in die Niederlande und Frankreich zurückkam. Er ließ die Schloßkirche und als Verbindungsstück zu ihr die obere Orangerie errichten und erweiterte damit das Schloß in den Garten hinaus. Hier entstand ein Gartensaal (sala terrena), der die vom Zeremoniell des Hofs bestimmten Repräsentationsräume mit dem Freiraum der gestalteten Natur verband. Die fürstliche Hofgesellschaft konnte zwischen der "gebauten Architektur" und der architektonisch gestalteten Natur zwanglos hin und her fluten, wobei man sich den Figurenschmuck üppiger vorstellen und in der Phantasie Wasserkünste, Grotte und Lusthaus hinzufügen muß.

Im Stil des Barock ließ Johann Ernst durch Baumeister Julius Ludwig Rothweil die untere Orangerie errichten, mit großen Freitreppen rechts und links aus Schupbacher Marmor. Die äußere Gestaltung leitete Rothweil von der Versailler Orangerie her, die beiderseits von Treppen flankiert ist und gleichfalls eine Geländestufe markiert. Sie dient heute noch zur Überwinterung von etwa 250 Kübelpflanzen, von Frühjahr bis Herbst bietet ein Café und Restaurant eine reizende Sitz- und Speisegelegenheit. Dem Gelände vorgelagert, entstand nach der Terrassierung des Hanges der als Parterre gestaltete untere Garten. Die Berufung des Hofgärtners François Lemaire aus Saarbrücken führte zu weiteren Änderungen. Es wurden viele Pflanzen gekauft, wobei Pomeranzen damals "en vogue" waren — neben Yucca, Zypressen, Granatäpfeln, Zitronen, Jasmin, Lorbeerbäumchen. Zugleich wurden im oberen Garten Gescheckter Ahorn, Rote Roßkastanie, Silberpappel, Traueresche, Trauerweide, Pyramideneiche und Blutbuchen gepflanzt, die aus dem Botanischen Garten in Straßburg stammten. Das Lindenboskett, als Verbindung des oberen mit dem unteren Teil 1758/59 gepflanzt, ist bis heute erhalten, ebenso die im oberen Garten als Abschluß zum Gebück 1706 gebaute Mauer, gekrönt von gußeisernen Balustradenfeldern zwischen Marmorpostamenten mit Eisenguß-Vasen. Im 19. Jahrhundert änderte sich die Mode, was auch für den Weilburger Schloßgarten Folgen hatte: Er wurde anglisiert.

Das barocke Herz des Weilburger Schloßgartens: Baumeister Julius Ludwig Rothweil errichtete die untere Orangerie nach Versailler Vorbild. Sie dient heute als Winterquartier für Kübelpflanzen. Im Sommer jedoch lädt ein Café zum Verweilen ein.

Die Umgestaltung zum englischen Landschaftsgarten betraf alle Teile. Sämtliche Regelmäßigkeiten wurden entfernt, geschwungene Wege und Rasenstücke entstanden, die Kübelpflanzen wurden unregelmäßig verteilt. Das einzige, was im unteren Schloßgarten während dieser Phase blieb, waren der runde Marmorbrunnen und die beiden griechischen Musiker, die auch heute noch dort zu finden sind. Ursprünglich soll es einmal acht gegeben haben. Der Brunnen vor der oberen Orangerie wurde erst 1967 aufgestellt und symbolisiert den Kampf zwischen Herakles und Antäus. Die vier Gartenfiguren stellen antike Gottheiten dar, durch ihre Beigaben symbolisieren sie die Elemente Luft, Erde, Feuer und Wasser.

Die Pflege des in sieben Terrassen Richtung Süden gegliederten Geländes – dem oberen Garten schließt sich der untere an, dem eine weitere kleine Terrasse, Anbauflächen und Bauerngarten folgen – ist aufwendig. Jedes Jahr werden 15.000 Sommerblumen und 8000

"Ein alter Garten ist immer beseelt"

HUGO VON HOFMANNSTHAL

Gewächse für die Herbstbepflanzung im Gewächshaus und unter Niederglas herangezogen. Neben Brunsing kümmern sich sechs Mitarbeiter und drei Lehrlinge um die Gartengestaltung, zu der auch in der Winterzeit die Pflege des Gebücks gehört. Auf dem kleinen Weg zur Lahn hinab ist demonstriert, wie diese einstige grüne Verteidigungsmauer durch eine bestimmte Beschneidung der Pflanzen erreicht wurde. Mit Einbruch der Dunkelheit werden die sieben Tore verschlossen, die übrige Tageszeit ist der Schloßgarten Weilburg frei zugänglich.

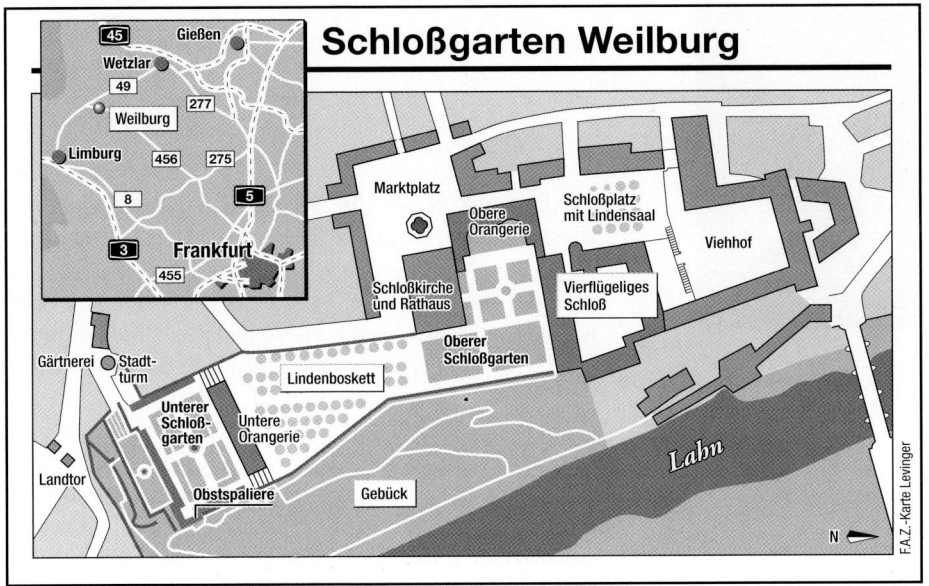

Schloßgarten Weilburg

Inset map: 45 Gießen · Wetzlar · 49 · Weilburg · 277 · Limburg · 456 · 275 · 8 · 5 · 3 · Frankfurt · 455

Main map labels:
- Marktplatz
- Obere Orangerie
- Schloßplatz mit Lindensaal
- Viehhof
- Schloßkirche und Rathaus
- Vierflügeliges Schloß
- Oberer Schloßgarten
- Gärtnerei
- Stadt-turm
- Lindenboskett
- Unterer Schloß-garten
- Untere Orangerie
- Landtor
- Obstspaliere
- Gebück
- Lahn
- N

F.A.Z.-Karte Levinger

47

Kurpark Bad Homburg

Dostojewski fand ihn wunderschön

"Man muß sagen, die Gegend hier ist bezaubernd", schrieb Fjodor Dostojewski am 19. Mai 1867 an seine Frau Anna Grigorjewna. "Der Park ist großartig, das Kurhaus ebenfalls, die Musik wunderschön ... Hier könnte man leben, wenn das verdammte Roulette nicht wäre ..." – Heute, ein gutes Jahrhundert später, ist das Kurhaus nicht wiederzuerkennen, die Kurmusik hat im Zeitalter der CD-Player ihre einstige Monopolstellung eingebüßt, die Roulette-Kugel rollt häufiger denn je, und gleichbleibend eindrucksvoll präsentiert sich dem Besucher Deutschlands größter Kurpark, ein Spätwerk des genialen Peter Joseph Lenné, die einzige westdeutsche Anlage, die von den vielen Gartenschöpfungen des königlich preußischen Gartendirektors erhalten geblieben ist, sogar einschließlich der schriftlichen Originalunterlagen, Entwürfe, Ausführungspläne und Grafiken.

Die Stadt Bad Homburg weiß mit diesen Pfunden zu wuchern. Das von Dostojewski beklagte Spiel erwies sich für die Landgrafschaft Hessen-Homburg als Glücksfall. Landgraf Philipp wußte den Brüdern Blanc für die Konzession zum Hazard-Spiel nicht nur den Bau des Kurhauses abzuhandeln, sondern auch die Verpflichtung, "einen öffentlichen englischen Park anzulegen", dessen Pflege er den Spielbankbetreibern gleich mit auferlegte. Heute rechnet es sich die Stadt Bad Homburg zur Ehre an, "in Fortsetzung der historischen Tradition den Park mit seiner vielgepriesenen Schönheit und Originalität in der Gegenwart und für die Zukunft zu erhalten". So beteuern es die Verantwortlichen im offiziellen Kurparkführer. Über die nötigen Mittel dazu verfügt das städtische Grünamt dank des Umstandes, daß die Spielbank wie eh und je als "Bad Homburgs ergiebigste Quelle" floriert.

Das traditionsreiche Casino behauptet denn auch seinen zentralen Platz im Park zwischen Kaiser-Wilhelms-Bad und Kurzentrum. Das Roulette dreht sich heute nicht mehr im Kurhaus, sondern im Brunnensälchen. Errichtet wurde dieses erste Kurmittelhaus 1838 für die gerade wiederentdeckte erste Heilquelle, den heutigen Elisabethenbrunnen.

Der Park, den Lenné 1853 für Bad Homburg entworfen hat und in den Folgejahren ausführen ließ, öffnet sich einerseits zur Stadt, andererseits zum nahen Taunus. Lange Sichtschneisen durch den weiträumigen Landschaftspark lenken den Blick des Besuchers. Eine Hauptachse weist heute wie damals von der Kurhausterrasse über die Fontäne zum Weiher und darüber hinaus zum Hardtwald. Die andere Schneise wird gebildet durch die Brunnenallee über den Siamesischen Tempel als Schnittpunkt beider Blickachsen.

Stark verschieden vom westlich gelegenen Landschaftspark ist die nach 1857 entstandene Partie östlich der Kisseleffstraße. Während im ersten Teil sparsam verteilte, mächtig ausladende Solitärbäume, lichte Gehölzgruppen und Wasser zur Gestaltung genügen, wird der östliche Abschnitt des Parks durch architektonische Attraktionen bestimmt. Da gibt es nicht nur den Prachtbau des Kaiser-Wilhelms-Bades mit dem Denkmal des Namensgebers davor, das Brunnensälchen, die kleine russisch-orthodoxe Kirche mit den vergoldeten Kuppeln, das Kurzentrum mit der Konzertmuschel und das historische Golfclubhaus bei den letzten verbliebenen Grüns des ältesten deutschen Golfplatzes.

Golf und Rasentennis wurden von britischen Kurgästen schon vor der Jahrhundertwende hierher importiert. Tennis steht heute noch in dieser Tradition, wenn auch auf Sandplätzen. Der historische Golfplatz wurde zum Teil dem Bau der Taunus-Therme geopfert, deren geschwungene Dächer als Pendant zur Thai Sala am anderen Ende des Parks fernöstliche Ruhe signalisieren. Zahlreiche Denkmäler säumen Wege und Plätze.

Fürstlichkeiten sind hier verewigt, verdiente Ärzte, der Dichter Friedrich Hölderlin, der hier einige seiner bedeutendsten Werke schuf, nicht zuletzt auch mit einer Büste des Schöpfers des Kurparks, Peter Joseph Lenné.

Im Tal des Kirdorfer Bachs, dessen Lauf der Gartenkünstler in seine Pläne einbezog, gab es einst 14 Quellen, von denen mit der Zeit einige versiegt sind. Die meisten wurden zur Zeit der Brüder Blanc erbohrt, denen mit der Spielbankkonzession auch die Nutzung

der damals vorhandenen vier Brunnen und das Recht zur Erschließung weiterer Quellen übertragen wurde. Die heutigen Fassungen reihen sich ein in die große Zahl der architektonischen Blickfänge.

Der Bad Homburger Kurpark ist mit fast 50 Hektar Fläche und einem Bestand von über 2100 großen Bäumen und zahlreichen Gehölzen der größte deutsche Kurpark. Er erstreckt sich fast zwei Kilometer lang und teils einen Kilometer breit von Nordosten nach Süd-

Das Kaiser-Wilhelms-Bad im Bad Homburger Kurpark zeigt Anklänge an den italienischen Kirchenbau. Entworfen hat es Baumeister Louis Jacobi. Der Grundstein wurde am 22. März 1887 gelegt, am Geburtstag von Kaiser Wilhelm I. Liebevoll restauriert, viemittelt es bis heute den gepflegten Charme einer vergangenen Epoche.

51

westen, erschlossen aus allen Richtungen durch rund sieben Kilometer Wege.

Der Park beherbergt 82 Baumarten und 136 Straucharten aus allen Teilen der Welt. Die jährlich wechselnde Bepflanzung der Sommerblumenrabatte sorgt für bunte Farbtupfer vor dem Hintergrund der alten Baumriesen auf weiten Rasenflächen. Der von Stadt und Kurgesellschaft herausgegebene Kurparkführer und die Kennzeichnung der prachtvollen Solitärbäume erleichtern das Aufspüren besonderer Raritäten in einem Park, der wegen der heute ursprünglich erhaltenen Raumwirkung und wegen seines historischen Pflanzenbestandes als Gartendenkmal Schutz genießt.

Unter den ältesten Bäumen im Kurpark dominieren Robinien, Platanen, Buchen, Stileichen, Berg- und Spitzahorn. Raritäten aus dem historischen Bestand sind insbesondere Götterbaum, Pyramideneiche, Amberbaum, Flügelnuß und Taxodium. Einer der schönsten Bäume ist die freistehende Hainbuche am Parkübergang zum Kaiser-Wilhelms-Bad. Ökologisch interessierte Parkbesucher entdecken die unterschiedlichsten Pflanzengesellschaften, Schattenfluren, Moostraufe, Reinbestände aus Scharbockskraut, im Frühjahr ausgedehnte Veilchen-Anemonen-Traufe.

Der Bad Homburger Kurpark ist als Frischluftschneise ursächlich beteiligt an Bad Homburgs sprichwörtlicher "Champagnerluft". Unterschiedlichste gastronomische Angebote fehlen im Park ebensowenig wie traditionsreiche Sportstätten. Kurmittelhäuser und Heilquellen prägen den östlichen Teil des Parks, der jedoch keineswegs den Kurpatienten vorbehalten ist. Selbst Motorsportler bevölkerten lange Zeit alljährlich die Brunnenallee beim Start zur Rallye Monte Carlo. Die Einwohner von Bad Homburg nutzen in Scharen den Park als grüne Lunge der Stadt. Die Schönheiten dieser Gartenschöpfung gehen freilich eher den vielen auswärtigen Besuchern auf.

Kurpark
Bad Homburg vor der Höhe

Kartengrundlage: Kur- und Kongreß-GmbH, Bad Homburg

F.A.Z.-Karte Levinger

Schloßpark Bad Homburg

Das Paradebeispiel kaiserlicher Gartenkunst

Der Besucher, der sich dem Schloß der Landgrafen von Bad Homburg über die Dorotheenstraße nähert, betritt einen Lustgarten, den wohlgelungene Architektur aus unterschiedlichen Perioden aufs schönste einfaßt: im Hintergrund, halb verborgen hinter riesigen Libanonzedern, der barocke Königsflügel des Schlosses, links im Vorfeld des wappengeschmückten Gartenportals die neoromanische Erlöserkirche, rechts der aristokratische Barockbau des Sinclairhauses.

Der landgräfliche Lustgarten, vermutlich 1680 und in den Folgejahren vom Schloßbaumeister Paul Andrich als barockes Parterre im holländischen Stil angelegt, sah sich im Laufe der Jahrhunderte mehrfach Wechsel unterworfen. Heute zeigt er sich den Besuchern als Paradebeispiel für die Gartenkunst der Kaiserzeit. Das Schloß, das beinahe 250 Jahre lang Sitz der Landgrafen von Hessen-Homburg gewesen war, wurde 1866 von den neuen preußischen Landesherren als königliche und später kaiserliche Sommerresidenz in Besitz genommen.

In dieser Zeit erreichte der Schloßgarten mit seinen Terrassen, Alleen, Staudengärten und Teppichbeeten den gestalterischen Höhepunkt. Davon zeugen nicht nur zeitgenössische Abbildungen, es gibt auch noch detailgenaue Pläne. Die Potsdamer Schule der Gartenkunst, geprägt von Peter Joseph Lenné und seinem Nachfolger Ferdinand Jühlke, hat seinerzeit auch im fernen Bad Homburg die Maßstäbe gesetzt.

Die heutigen Gartendenkmalpfleger sehen ihre Aufgabe darin, das Besondere und Einmalige dieser Anlage darzustellen. Der Leiter der Fachabteilung Gärten bei der Verwaltung der Staatlichen Schlösser und Gärten Hessen, Bernd Modrow, geht dazu auf das Vorbild der Periode gegen Ende des 19. Jahrhunderts zurück.

Beispielhaft für das Bemühen, charakteristische Teile kenntlich zu machen und zu erhalten, sind die beiden erst kürzlich restaurierten Teppichbeete des Lustgartens. Ein drittes soll hinzukommen. Großflächig, rosettenförmig, von Rasenquadraten gerahmt, repräsentieren sie eine gärtnerische Mode des ausgehenden 19. Jahrhunderts. Die einstige Rüsterallee beiderseits des Hauptwegs zwischen Gartenportal und Königsflügel existiert nicht mehr, sie läßt sich auch nicht wiederherstellen, denn sie geriete in Konflikt mit den gleichzeitig gepflanzten vier Libanonzedern, einem Geschenk des Duke of Cambridge 1820 zur Hochzeit seiner Schwester Elisabeth mit dem Homburger Landgrafen Friedrich VI. Die inzwischen zu enormen Prachtexemplaren gediehenen Zedern gehören zu den schönsten Exemplaren in europäischen Gärten.

Um die Kastanienallee am südlichen Rand des Schmuckrasens entbrannte vor einigen Jahren der anscheinend unvermeidliche Grundsatzstreit zwischen Naturschutz und Denkmalpflege. Während eine schwarzgrüne Koalition von Kommunalpolitikern und Landtagsabgeordneten die ausgedünnte Reihe der alten Kastanien verteidigte, plädierte die Schlösserverwaltung für Gesamterneuerung. Der Streit wurde zugunsten der Gartendenkmalpflege entschieden, die neu gepflanzte Allee wächst inzwischen zu allgemeiner Zufriedenheit heran.

Der Staudengarten vor der Orangerie, zur Landgrafenzeit gegen Ende des 18. Jahrhunderts als barocke "holländische Partie" angelegt, wird von den heutigen Denkmalpflegern in der ursprünglichen Form gepflegt. In seiner Blütenvielfalt bietet der Staudengarten vom Frühjahr bis zum Herbst immer neue Eindrücke. An der arbeitsintensiven Pflege soll sich deshalb nichts ändern. Die Verwaltung sieht sich einer besonderen Homburger Tradition verpflichtet, wenn sie danach strebt, auch die einstige Kübelpflanzenvielfalt wiederzugewinnen, für die der Garten seinerzeit berühmt war. Außer dem ansprechenden Orangeriegebäude dienen diesem Zweck die

Mittelpunkt des
Landschaftspark bil-
det der Schloßteich.
Homburger Lokal-
stolz will wissen, daß
der Dichter Hölderlin
des Weihers in die
"Hälfte des Lebens"
gedachte: "Mit gel-
ben Birnen hänget /
und voll mit wilden
Rosen / das Land in
den See."

Gewächshäuser der Schloßgärtnerei. Deren Arbeitsbedin-gungen erscheinen dank ausreichender Ausstattung mit Personal und Sachmitteln günstig.

Der Schloßpark von Bad Homburg umfaßt auf insge-samt 17 Hektar Fläche außer der Anlage vor dem Kö-nigsflügel den landschaftlich gestalteten Teil mit dem Schloßteich unterhalb des Schlosses. An einen berühm-ten Besucher erinnert ein südlich des Barockgartens dem Hang abgewonnenes Plätzen, "Goethes Ruh" genannt. Ob der Dichterfürst, dessen Begegnung mit der Hom-burger Hofdame Louise Friedrik von Ziegler (Lila) poe-tisch durch "Pilgers Morgenlied" belegt ist, dort wirklich zu ruhen geruhte, mag dahingestellt bleiben. Belegt ist dagegen, daß die landgräfliche Familie ihren ehemaligen Steinbruch zu diesem Lustort umgestalten ließ, um dort in idyllischer Umgebung zu "chocoladieren".

Der Landschaftspark, in den Jahren 1758 bis 1820 vom Landgrafen Friedrich V. und seiner Frau Caroline angelegt und in der Folgezeit von der "Englischen Landgräfin" Elisabeth nach heimischer Tradition weiter ausgebaut, grenzt sich durch mächtige Randbepflanzung gegen die Straßen und Wohnviertel der Neuzeit ab. Unter zahlreichen exotischen Bäumen findet sich hier eine einmalige dendrologische Besonderheit aus heimischen Landen: Wer sich vom Schloßgarten zum Teich hinunterbegibt, kommt an einer Buche vorbei, deren Zweige Buchen- und Eichenblätter zugleich hervorbringen, jeweils an einem und demselben Zweig.

Den Mittelpunkt des Landschaftsparks bildet der grosse Teich mit der "Rousseau-Insel". Der Dichter Hölderlin soll, so will es jedenfalls Homburger Lokalstolz wissen, dieses Weihers und seiner Liebe zu Diotima gedacht haben, als er die "Hälfte des Lebens" einleitete: "Mit gelben Birnen hänget/und voll mit wilden Rosen/das Land in den See." Der Heuchelbach, als schlängelnder Wasserlauf mit kleinen Brücken in den Park integriert, erfüllt in letzter Zeit seine einstige Pflicht nicht mehr, dem Teich frisches Wasser und Sauerstoff zuzuführen. In Form von Umwälzpumpen muß moderne Technik der natürlichen Erneuerung beispringen.

Was heutige Besucher vorfinden, ist nur der Rest einer ursprünglich weit größeren Parklandschaft, die sich längs der Tannenwaldallee mit malerischen Lustgärten über den "Kleinen" und den "Großen Tannenwald" bis zum "Gotischen Haus" erstreckte, geziert und belebt von Monumenten, Eremitagen und Tempeln. Die heute noch erkennbare Sichtachse über Tannenwaldallee und Elisabethenschneise bis hinauf in die Taunuswälder erinnert nur noch schwach an das großzügige Gesamtwerk, das der schöngeistige Landgraf Friedrich V. (1751–1820) schuf. Nicht nur für sich den "Großen" und für seine Frau Caroline den "Kleinen Tannenwald" ließ er anlegen, sondern für jeden seiner fünf Söhne entlang der Tannenwaldallee eigene "Prinzengärten".

Nach der Vollendung durch die "Englische Land-gräfin" Elisabeth besaß das kleine Hessen-Homburg eine außergewöhnliche Gartenlandschaft, die selbst den Vergleich mit Potsdam nicht zu scheuen brauchte. Die Verwaltung der Staatlichen Schlösser und Gärten hat dem einstigen Gesamtkunstwerk aus zentralem Schloß-garten und bis zum Limes auf dem Taunuskamm rei-chender Lustgartenachse 1992 eine Ausstellung gewid-met. Die damals angedeutete Vision, aus den teils ruinös noch vorhandenen Resten die Einheit wieder nachvoll-ziehbar zu machen, erscheint angesichts der erforder-lichen Millionensummen als Herkulesaufgabe. Aufgege-ben sind die Pläne dennoch nicht.

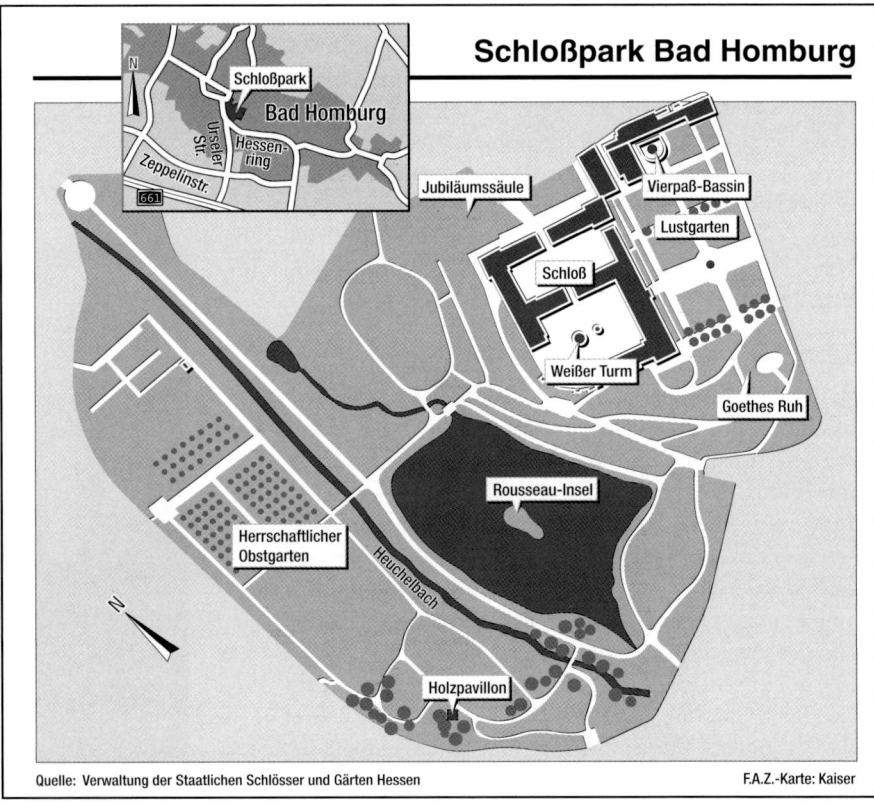

Schloßpark Bad Homburg

Schloßpark
Bad Homburg
Urseler Str.
Hessen-ring
Zeppelinstr.
661

Jubiläumssäule

Vierpaß-Bassin

Lustgarten

Schloß

Weißer Turm

Goethes Ruh

Rousseau-Insel

Herrschaftlicher Obstgarten

Heuchelbach

Holzpavillon

Quelle: Verwaltung der Staatlichen Schlösser und Gärten Hessen

F.A.Z.-Karte: Kaiser

Staatspark Wilhelmsbad Hanau

Einst ein Park für Leute mit "Distinktion"

Im Schatten schöner Lindenbäume rollten die Bade-
gäste in vierspännigen Kutschen an der Mauer der Fasanerie entlang. Hatten die goldbeschlagenen Equipagen
die schmale Allee aus Richtung Hanau passiert, trennte
die Insassen nur noch ein kurzes Wegstück von einem
der modernsten Kurorte Europas, von einem Treffpunkt
des Adels und des vermögenden Bürgertums – von der

Kuranlage in Wilhelmsbad. Hier konnten Leute von "Distinktion" gegen Ende des 18. Jahrhunderts sicher sein,
sich während ihres Aufenthalts ganz dem Vergnügen
widmen zu können: Sie tauchten ein in die elegante Welt
der Badeanlage, begrüßten sich beim Lustwandeln auf

Die Promenade des
Staatsparks. Die Ge-
bäude wurden zwi-
schen 1778 und
1780 errichtet.

Hängebrücke mit Symbolgehalt. Über eine "Schlucht" geht es in die "wilde Natur". So inszeniert man Nervenkitzel nach romantischem Geschmack.

den Parkwegen mit Bücklingen und Komplimenten und residierten in Appartements, die auch verwöhntesten Ansprüchen genügten. Angesichts der gepflegten Parkanlage und der Pracht der Kurgebäude sind die lobenden Worte eines Chronisten aus dem Jahr 1785 nur zu verständlich: "Wilhelmsbad, eine halbe Stunde von Hanau, behauptet von der Seite der Anmut unter Deutschlands Bädern wohl den ersten Rang."

Die Geschichte Wilhelmsbads beginnt mit einer freundlichen Legende: In dem hügeligen Wiesen- und Waldgelände sollen zwei arme Weiber im Jahr 1709 auf der Suche nach Kräutern eine Heilquelle entdeckt haben, die fortan als "Guter Brunnen" von den Hanauer Bürgern geschätzt wurde. Diese Quelle stieg allerdings erst 1777 zum Zentrum einer mondänen Kur- und Badeanlage auf: In diesem Jahr entschloß sich der Erbprinz Wilhelm von Hessen-Kassel, dem Vorbild seiner Standesgenossen nachzueifern und ein "Badhaus" zu errichten. Geld spielte keine Rolle, denn kurz zuvor hatte der Souverän von seinem Vetter, dem englischen König Georg III., eine erhebliche Summe für den Einsatz hessischer Soldaten im Amerikanischen Unabhängigkeitskrieg erhalten.

In den Jahren nach 1777 entstanden vier zweigeschossige Pavillons, zwei eingeschossige Remisenbauten und ein vergleichsweise großer Mittelbau. Alle Gebäude ließ der Architekt des Erbprinzen, Franz Ludwig Cancrin, in einer Reihe entlang einer Promenade errichten. Die symmetrische Anordnung, die Mansardendächer der Kurgebäude und die rustikalen Fensterrahmen verraten den spätbarocken Zeitgeschmack – Vorbild Cancrins waren Schloßanlagen französischer Prägung. Der geometrischen Strenge französischer Gärten war Wilhelm jedoch überdrüssig, weshalb in seinem Bad einer der ersten Landschaftsparks in Deutschland nach englischem Vorbild angelegt wurde – mit künstlichen Hügeln, scheinbar wilder Vegetation und verschlungenen Spazierwegen.

Neben dem angeblichen Heilwasser sollten Duschbäder, ein Dampfbad und mehr als 20 meist marmorne Badewannen mit fließend kaltem und heißem Wasser der Gesundheit der Gäste dienen. Doch die Badeeinrichtungen und das anspruchsvolle Kurhotel allein genügten nicht, um Fremde nach Wilhelmsbad zu locken – auch für die Unterhaltung des illustren Publikums mußte gesorgt werden. Dieser Aufgabe diente zum einen ein Spielkasino, wo sich die besseren Stände bei Trente et Quarante und Roulette vergnügten, zum anderen das noch erhaltene "Comoedienhaus", wo französische Schauspieler die Zuschauer zerstreuten. Im Park ließ Wilhelm eine Reihe von Anziehungspunkten schaffen: Dem Amüsement dienten Kegelspiele und Schießstände, den aufgestauten Braubach konnte man mit Gondeln

und Kähnen befahren. Noch heute zu sehen ist ein Tunnel, der für Kurgäste mit einem Faible für Gruseliges hergerichtet wurde. Durch ihn führt ein Weg zu einem romantischen Hängebrückchen, das eine "Schlucht" überspannt und als symbolischer Übergang in die "wilde Natur" diente. En vogue war zudem die Bewunderung für asketisches Leben, ein Modegeschmack, dem Architekt Cancrin mit einer Eremitage und mit einem kleinen Bauerndorf Rechnung trug, in dem die reiche Gästeschar zur Abwechslung von irdenem Geschirr aß und die Herren zu Schalmeienklängen mit Mädchen aus dem Volk tanzten. Die größte Belustigung aber war das Karussell mit seinen Kutschen für die Damen und mit nahezu mannsgroßen Holzpferden für die Herren. Ein besonderer Genuß war es für die Fahrgäste, mit einem Speer nach dem Herzen eines Drachen zu zielen, der bei einem Treffer zu brüllen anfing. Außerdem fand die bessere Gesellschaft ihren Spaß darin, im Vorüberfahren Türkenfiguren die Köpfe abzusäbeln. Lustig war die rasche Fahrt freilich nur für die kindlichen Gemüter in den Kutschen und auf den Pferden – schließlich sorgte zunächst menschliche Kraft für den nötigen schwungvollen Antrieb, erst später übernahmen Pferde die schweißtreibende Arbeit.

Erheblich zur Attraktivität des Kurbads hat beigetragen, daß der Erbprinz selbst in Wilhelmsbad lebte – und zwar in einer künstlichen Ruine inmitten des kleinen Stausees. Äußerlich wirkt das dunkle Gemäuer verkommen, im Inneren jedoch entfaltet es große Pracht und überrascht im Obergeschoß mit einem Kuppelsaal, der mit klassizistischen Stuckornamenten geschmückt ist. An bedeutenden Persönlichkeiten in der Kuranlage mangelte es nicht. Wilhelm selbst schrieb am 9. Januar 1780 in sein Tagebuch, ihn habe "der regierende Herzog von Weimar, ein aufgeklärter, aber eigenwilliger Fürst", besucht, "er hatte bei sich Goethe, einen deutschen Schriftsteller von einer neuartigen Schreibweise".

Mit der Glanzzeit des Kurbads war es aber bald vorbei. 1785 verließ Wilhelm sein geliebtes "Kleinod" und übernahm die Regentschaft in Kassel, letzter gesellschaftlicher Höhepunkt war der Aufenthalt der Heiligen Allianz, der gekrönten Häupter von Preußen, Rußland und Österreich im Jahr 1818. Danach fiel das Kurbad in einen langen Dornröschenschlaf, wodurch die mittlerweile renovierungsbedürftigen Gebäude und der verwilderte Garten – nahezu unberührt von Veränderungen – ihren Charakter bewahren konnten. Nur das schnelle Ende des Kurbetriebs hat es möglich gemacht, daß in Wilhelmsbad noch immer viel von der höfischen Leichtigkeit des Seins zu spüren ist.

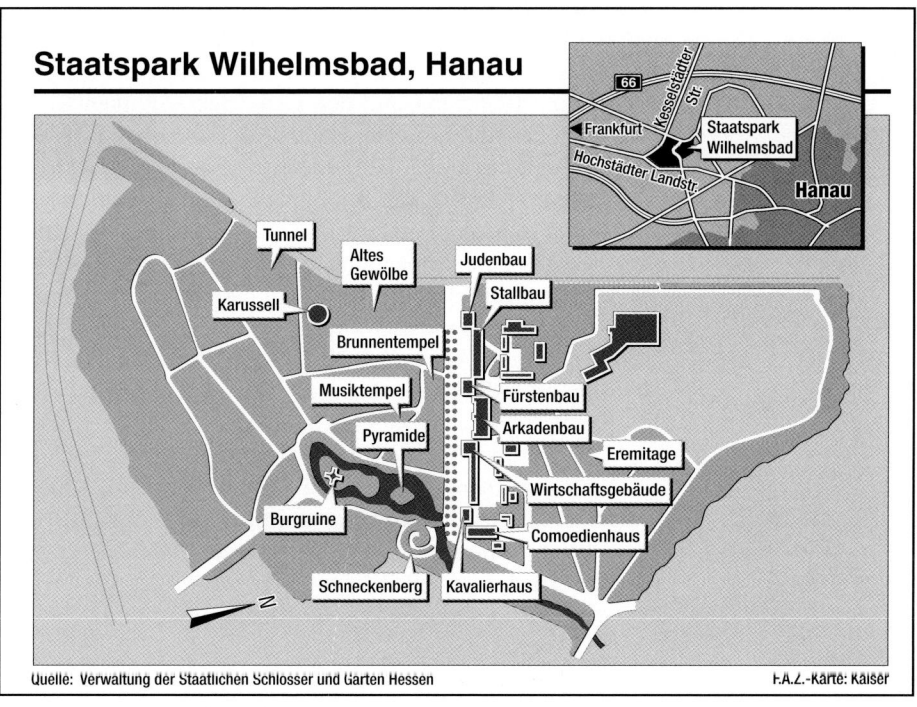

Staatspark Wilhelmsbad, Hanau

66 Kesselstädter Str.

◀Frankfurt

Staatspark Wilhelmsbad

Hochstädter Landstr.

Hanau

Tunnel

Altes Gewölbe

Judenbau

Stallbau

Karussell

Brunnentempel

Musiktempel

Fürstenbau

Pyramide

Arkadenbau

Eremitage

Wirtschaftsgebäude

Burgruine

Comoedienhaus

Schneckenberg

Kavalierhaus

N

Quelle: Verwaltung der Staatlichen Schlösser und Gärten Hessen

F.A.Z.-Karte: Kaiser

Schloßpark Rumpenheim

Ein Flickenteppich der Landgrafen

Als "grüne Wirrsal, lehrreiche Wildnis" hat der Essayist Dolf Sternberger den Rumpenheimer Schloßpark Ende der dreißiger Jahre beschrieben. Damals war das Schloß schon seit fast vier Jahrzehnten nicht mehr bewohnt. Prinz Friedrich Karl von Hessen hatte 1902 den Sommersitz der landgräflichen Familie verlegt, nur ein Schloßverwalter und einige Gärtner kümmerten sich anschließend weiter um den Besitz — bis zu den Bombennächten 1943, in denen der Mitteltrakt ausbrannte. Danach boten sie der sich ausbreitenden Natur kaum noch Einhalt.

Von Wirrsal und Wildnis ist im Park heutzutage kaum etwas zu spüren. Seit die Kommune Mitte der sechziger Jahre das Schloß und den sechs Hektar großen Garten von der Kurhessischen Hausstiftung erwarb, hat sich die Gestalt des in drei Jahrhunderten gewachsenen Parks am Main verändert. Der Schloßpark ist zu einer pflegeleichten Grünanlage geworden, die dennoch ihre historische Gestalt zu erkennen gibt.

Bis Mitte der sechziger Jahre bestand im Rumpenheimer Schloßpark noch ein feingeflochtenes Wegenetz, die "irrenden Wege", auch "Brezelwege" genannt. Die Kommune jedoch, die den seit Kriegsende geschlossenen Park erst 1967 wieder für die Bürger öffnete, ließ diesen "Dschungel" lichten. Die städtischen Arbeiter schufen einen breiten Rundweg, um Platz zu haben für schweres Gartengerät, und legten, wo früher die "Brezelwege" verliefen, Wiesen an, auf denen sich die Offenbacher zum Picknicken, zum Sonnen oder zum Ballspiel treffen konnten und beseitigten für die Kanalisation den "Aha"-Graben.

Anfang der achtziger Jahre machte der Aschaffenburger Landschaftsarchitekt Peter Jordan die Öffentlichkeit

Einst war das Schloß
in Rumpenheim land-
gräflicher Sommer-
sitz, heute sind die
Seitentrakte an
Privatpersonen ver-
kauft. In den Bom-
bennächten 1943
brannte der Mittel-
trakt des Baus nie-
der. Alle Versuche
der Stadt als Eigen-
tümerin, diesen Teil
historisch korrekt
nachzubilden, sind
bisher gescheitert.

darauf aufmerksam, daß der Rumpenheimer Schloßpark
"kein Nullachtfünfzehn-Park" ist. Unterstützt wurde er
von der Bürgerinitiative Rumpenheim, die sich seit den
frühen siebziger Jahren für den Wiederaufbau des
Schlosses und die Rekonstruktion des Parks engagierte.
Jordan hält das, was sich dem Spaziergänger in der Anlage als eine Art Flickenteppich darbietet, für ein
Merkmal des Gartens: Jeder Schloßherr fügte nach dem
Kauf weiterer Nachbargrundstücke dem zunächst kleinen Park einen neuen Teil hinzu, ohne den schon vorhandenen Garten anzutasten — ein gestalterisches Patch-

work, das jedoch einen genauen Einblick gibt in die Entwicklungsstadien dieses herrlichen englischen Landschaftsgartens.

Jordan, der für die Stadt Offenbach den Rumpenheimer Schloßpark untersucht und ein Parkpflegewerk erstellt hat, hält sechs Teilgebiete des Parks für charakteristisch, der ebenso wie das Schloß und dessen 1761 eingeweihte Kirche seit 1921 unter Denkmalschutz steht: die Hochterrasse an der Mainseite, vormals von einem Teehaus und einem Gartenpavillon flankiert, mit einem fünffreihigen Baumsaal und regelmäßigen Blumenbeeten bestückt; die Platanenallee, die eine Grenzlinie zu den Nachbargrundstücken bildete; der mit nierenförmigen Beeten verzierte Garten im Schloßhof; die "Spielachse", zu der eine Vogelvoliere und ein Karussell gehörten; ein Graben, über den seinerzeit Brücken führten und der ebenfalls das Schloßareal begrenzte und von dem heute noch eine Mulde zeugt; schließlich die Parkbauten, wozu der schieferbedeckte Monopteros im Garteninnern und ein Aussichtshügel zählen, ferner der Holzpavillon, das Grottental, die Eremitage, das Mausoleum, die Grabstätte der landgräflichen Familie an der Kirche, eine strohbedeckte Hütte und ein weiterer Monopteros in Richtung Mühlheim im sogenannten Horizontwald, zu dem eine Obstallee führte.

Die "Brezelwege" sind Jordan zufolge für die Rekonstruktion der einzelnen "Bauphasen" sehr aufschlußreich. "Je älter die Teilgärten sind, desto ,brezelhafter' die Wege, je später die Gärten angelegt wurden, um so großzügiger wurden sie, aber auch seelenloser." Das dichte Geflecht der nur 80 bis 120 Zentimeter breiten, parallel geführten Wege, die sich häufig schon nach wenigen Metern krümmten und zuletzt vermutlich um 1830 vervollständigt wurden, bot dem flanierenden Einzelgänger eine Bühne für kurze überraschende Auftritte und Ausblicke — als Akteur und Voyeur.

Im Gegensatz zu der herrschaftlichen Hofhaltung auf Schloß Philippsruhe in Hanau hatten sich die hessischen Landgrafen mit Schloß Rumpenheim ein ländliches Refugium zugelegt, das von den Kindern und Enkeln des Landgrafen Friedrich während der Sommermonate jedes zweite Jahr für Treffen der weit in Europa verstreut lebenden Verwandtschaft genutzt wurde. Die Gästeliste ist respektabel, die Schloß Rumpenheim vorzuweisen hat: Queen Mary, Großmutter der englischen Königin Elisabeth II., war häufig zu Besuch, ebenso König Christian IX. von Dänemark, König Eduard VII. von England und König Georg I. von Griechenland. Auf Schloß Rumpenheim erhielt Prinz Wilhelm von Schleswig-Holstein-Glücksburg 1863 das Angebot, die Königskrone Griechenlands zu übernehmen, was er auch tat. Auch der österreichische Kaiser Franz Joseph war Gast, und Bismarck kam oft als Bundestagsgesandter Preußens. Landgraf Friedrich war es auch, der das 1668 vom Regierungs- und Kammerpräsidenten Johann Georg Seiffert in Rumpenheim errichtete Herrnhaus, zu dem bereits ein französischer Garten gehörte, ein Jahrhundert später erwarb und bis Anfang des 19. Jahrhunderts zu einer dreiflügeligen Schloßanlage erweiterte. Der Landgraf vergrößerte den Mitteltrakt, fügte zwei Pavillons und die Seitenflügel an. Ihre Durchbrüche leiteten im Westen zur Mainfähre, im Osten in den Park.

Das fehlende Verständnis der Stadt Offenbach für den Schloßpark als ein historisches Gartendenkmal hat die Anlage beschädigt. Mit dem vorliegenden Parkpflegewerk, dessen Verwirklichung auf knapp sechs Millionen Mark veranschlagt ist, sollen charakteristische Teile des Parks wiederhergestellt werden. Die Kommune entschied sich Anfang dieses Jahrzehnts für die Verbindung von historischer Rekonstruktion des Parks, die um das erst teilweise wiederaufgebaute, in den beiden Seitenflügeln privat genutzte Schloß versucht werden soll, den Erhalt der ökologischen Struktur des Parks und seiner Bedeutung als Freizeitanlage.

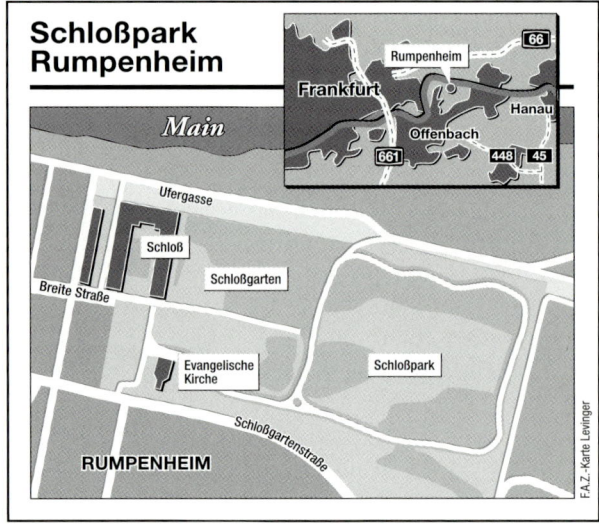

Schloßpark in Biebrich

Ein Ort der Inspiration

Schon vielen hat der Schloßpark in Biebrich als ein Ort der Inspiration gedient. 1861/1862 hat hier Richard Wagner das Vorspiel seiner "Meistersinger" komponiert, an dessen Biebricher Ursprünge heute noch eine Bronzetafel am Rheinufer erinnert. In einer lauen Nacht, so schrieb Wagner später an eine Freundin, "... trat auch ganz plötzlich das Vorspiel zu meinen Meistersingern, wie ich es einst aus trüber Stimmung als fernes Luftbild vor mir erschienen gesehen hatte, mir nahe und deutlich wieder vor der Seele. Ich ging daran, das Vorspiel aufzuzeichnen, und zwar so, wie es heute in der Partitur steht."

Ein solches freies Spiel der Vorstellungskraft hatte der Gartenarchitekt Friedrich Ludwig von Sckell im Sinn, als er von 1817 bis 1823 im Auftrag von Herzog Wilhelm von Nassau den Biebricher Schloßpark von einer den strengen Regeln des Barock gehorchenden Anlage in einen englischen Landschaftsgarten verwandelte. Von Sckell brachte nicht nur architektonisches Geschick, sondern eine Gartenphilosophie mit. Der von ihm sorgsam geplante "Wildwuchs" sollte die Phantasie beflügeln, der Wechsel von Gehölzgruppen und weiten Grünflächen das Bewußtsein schärfen.

In dem 35 Hektar großen Park ließ von Sckell dazu Sichtschneisen anlegen, die sich unvermittelt inmitten üppigen Grüns auftun. Optisch gaben sie dem schmalen Park, der an seiner engsten Stelle kaum 250 Meter mißt, mehr Breite. "Die Hahas, die keine Abgrenzungen wahrnehmen lassen dürfen, sollen dort angelegt werden, wo es dem Garten an Ausdehnung mangelt", schrieb von Sckell 1817 an den herzoglichen Oberstallmeister Friedrich Heinrich Freiherr von Dungern, der für die Bauleitung verantwortlich war. Noch heute fasziniert vie-

le Besucher der Moment, wenn sich an diesen "Hahas"
oder "Fenstern" eine ungeahnte Weite mit Ausblick auf
verwachsene Strauch- und Baumgruppen öffnet. Auch
wenn an einigen Stellen – wie in der vom Wiesbadener
Reit- und Fahrclub e.-V. als Turniergelände genutzten
Südwest-Ecke des Parks – von Sckells Gartenphilosophie
nur noch zu ahnen ist, gilt die Anlage bis heute als her-
vorragendes Beispiel eines englischen Landschaftsgartens. Nach fast 180 Jahren sind seine typischen Gestal-

Ganz der Mode des englischen Land-schaftsgartens sollte die Anlage folgen, die Friedrich Ludwig von Sckell zwischen 1817 und 1823 im Auftrag von Herzog Wilhelm von Nassau in Wiesbaden gestal-tete.

tungsmerkmale wie das "Wiesenthal", die Sichtschnei-sen, kunstvolle Brücken und sanft geschwungene Wege und Bachläufe noch harmonisch aufeinander abge-stimmt. Gleichwertig steht der Biebricher Schloßpark, Friedrich Ludwig von Sckells letztes großes Werk, neben seinen Arbeiten Nymphenburg bei München, dem Jagd-schloß Schönbusch bei Aschaffenburg und Schwet-zingen.

Das "Wiesenthal", das sich von der Rotunde des

71

Schlosses fast einen Kilometer gen Norden streckt, bildet das Herzstück des Parks. Das sanft abfallende Grün, gesäumt von wie zufällig gewachsenen Bäumen und Sträuchern, steigt fast unmerklich nach ein paar hundert Metern an und vermittelt den Eindruck ungeahnter Weite, den bewaldeten Hügeln des Taunus entgegen. Diesen Effekt erreichte von Sckell durch sorgsam arrangierte Pflanzungen. "Freistehende Bäume benehmen einem leeren Tal das Einförmige und geben ihm einen Idyllen-Charakter von romantischer Schönheit. Auch kann dieses Tal an manchen Stellen und um schöne Bäume zu schonen, verengt werden", beschrieb von Sckell die Sichtachse des Biebricher Schloßgartens. Wie aus überlieferten Listen hervorgeht, pflanzte von Sckell rund 190 Baum- und Straucharten. Etwa die Hälfte finden die Besucher des Parks heute noch.

Der gewünschte Charakter stellte den Gartenphilosophen von Sckell vor die Schwierigkeit, dem symmetrischen Manierismus des Barocken mit seinen strahlenförmigen Alleen und starren Bosketts die spielerischgeschwungenen Linien einer englischen Parkanlage zu geben. Dabei hatte der Weilburger zwei Vorgaben zu beachten, nämlich die Erhaltung der Fontäne und die sogenannte "Dicke Allee" entlang des "Wiesenthals" zur Mosburg. Als weitere Elemente der französischen Gartenanlage integrierte von Sckell zwei kleineren Kastanienalleen in Verlängerung des Schlosses am Ost- und Westflügel und zwei Wasserbecken in seine Entwürfe. Um die Mosburg am nördlichen Ende der "Dicken Allee" ließ von Sckell eine mittelalterlich anmutende Szenerie anlegen. Herzog Friedrich August hatte die Ruine 1805/1806 als romantische Burg in neugotischem Stil ausgebaut. Von Sckell nahm sie in seine Gartenplanung auf, indem er westlich der Ruine den Mosburgweiher ausheben ließ. Das Wasserniveau des Weihers wurde durch einen Wasserfall, der "Zischel" genannt wurde, konstant gehalten. Das Aushubmaterial wurde am Nordufer zu vier Hügeln aufgeschüttet. Sie stellen bis heute einen Kontrapunkt zu der sonst ebenen Anlage dar.

Als von Sckell 1817 erste Entwürfe anfertigte, ließ er mehr als 100 Jahre Biebricher Gartengeschichte einfließen. Der Biebricher Schloßpark war zu Beginn des 18. Jahrhunderts, als auch das sandsteinerne Schloß am Rheinufer gebaut wurde, im Auftrag von Fürst Georg August von Nassau-Idstein angelegt worden. 1701 entstand ein kleiner Ziergarten mit Buxbaum und Tulpen, aus dem wenige Jahre später nach Entwürfen des auch am Schloßbau beteiligten Baumeisters Maximilian von Welsch eine Lustschloßanlage mit barocken Elementen wurde.

Anderthalb Jahrhunderte galt das Biebricher Schloß mit seinem stimmungsvollen Park als Attraktion. Wie Zar Alexander I. und sein Bruder Nikolaus I. erging sich auch Kaiser Franz I. von Österreich in Biebrich. 1814 kam Johann Wolfgang von Goethe an den Rhein, um hier seinen 65. Geburtstag zu feiern. Auch ihn bezauberten Schloß und Park: "Man sieht an einer Seite den Rhein, an der anderen den Lustgarten. Es ist völlig ein Märchen."

Drei Jahre später bemühte sich Friedrich Ludwig von Sckell, die von Goethe gelobte Märchenhaftigkeit noch zu vertiefen. Inspiriert vom Park Stourhead in England legte der Gartenkünstler große Waldstrecken mit meist einheimischen Arten wie Esche, Eiche, Ulme, Buche und Ahorn an. An den Übergängen von Wald- zu Grünflächen imitierte er den natürlichen Wuchs und pflanzte niedrige Bäume oder Hochstaudensäume als Zwischenglieder: "Bei den Pflanzen selbst rate ich, mit großen Massen zu wirken und oft von einer Baum- oder Strauchart 300 bis 400, auch mehr zusammenzustellen." Bis ins Detail durchdachte Formen der Gehölzgruppen, Wälder und Lichtungen sollten zu Abwechslung und Erlebnisreichtum der Parkbesucher beitragen.

Da von Sckell weiterhin in München lebte und den mit der Bauleitung betrauten herzoglichen Oberstallmeister von Dungern brieflich instruierte, ist die Gestaltung des Biebricher Schloßparks ungewöhnlich gut dokumentiert. In den historischen Plänen findet sich am Ende der kleinen Ostallee auch ein Küchen- und Kräutergarten mit Überwinterungs- und Treibhaus, am westlichen Rand der Gartenanlage ist ein Pomologischer Garten zur Kultivierung von Obstgehölzen eingezeichnet. Beide Anlagen sind nicht mehr vorhanden, sollen aber, wie im 1987 herausgegebenen Parkpflegewerk vorgesehen, wiederhergestellt werden.

Seine sprichwörtlich letzte Blüte erlebte der Biebricher Schloßpark unter Herzog Adolf von Nassau. Er berief Carl Friedrich Thelemann 1846 zum Gartendirektor und ließ ihn eine 4500 Quadratmeter große Gewächshausanlage bauen. Mehr als 20.000 verschiedene Pflanzen wurden kultiviert und 1861 bei der ersten internationalen Blumenausstellung gezeigt. Selbst Ananas, so Markus Balkhausen, Außenstellenleiter der Staatlichen Schlösser und Gärten, sei damals in Biebrich gewachsen.

Nach der Auflösung des Herzogtums Nassau 1866 wurden die Treibhäuser jedoch nach Frankfurt verkauft, wo sie den Grundstock des Palmengartens bildeten. Der Schloßpark fiel in einen fast einhundertjährigen Dornröschenschlaf. Die von Sckell sorgsam bepflanzten Hügel überwucherten, seine "Hahas" vergreisten und riefen

bei Spaziergängern immer seltener einen Moment der Überraschung hervor. Seit 1968 versucht die Verwaltung der Staatlichen Schlösser und Gärten, den Schloßpark im Sinne des Gartenphilosophen wiederherzustellen und gleichzeitig den Bedürfnissen der Besucher gerecht zu werden. "Der Biebricher Schloßpark ist ein Garten-kunstwerk, das wie ein Volkspark genutzt wird", berich-tet Balkhausen; an den Wochenenden kommen bis zu 6000 Besucher. Trotzdem ist er zuversichtlich, dem von Sckellschen Ideal eines englischen Landschaftsgartens Schritt für Schritt näher zu kommen. Die Fontäne im "Wiesenthal" sprudelt bereits wieder, und Pläne für die Restauration des Pomologischen Gartens werden auch schon gemacht. "Vielleicht wächst in Biebrich auch bald wieder Ananas", hofft Balkhausen.

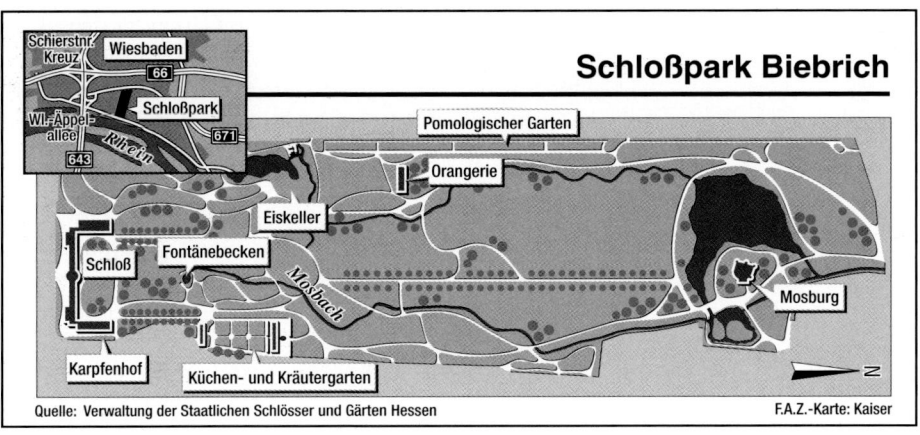

Klostergarten Seligenstadt

Schützte einst das Seelenheil der Mönche

"Wenn immer möglich, soll das Kloster so angelegt sein, daß alles Notwendige, das heißt Wasser, Mühle, Garten und die Werkstätten, in denen die verschiedenen Handwerke ausgeübt werden, innerhalb der Klostermauern sich befinden. So brauchen die Mönche nicht draußen umherzugehen, was für ihre Seelen durchaus nicht zuträglich ist." Was Benedikt von Nursia (Zirka 480 bis 560) einst an Grundsätzen für die Anlage von Benediktinerklöstern vorgab, ist bis heute in der ehemaligen Benediktinerabtei Seligenstadt wiederzuerkennen. Ein Rundgang durch das rund 30 000 Quadratmeter große Areal, das nach dem zweiten Weltkrieg von der Verwaltung der Staatlichen Schlösser und Gärten Hessen übernommen wurde, vermittelt einen Eindruck vom Mönchsleben vergangener Zeiten. Die Existenz von Gärten spielte dabei eine für das Zusammenleben im Kloster wichtige Rolle.

Von Einhard, dem Biographen Karls des Großen und seiner Gemahlin Imma, war das Kloster um 828 in Obermühlheim, dem späteren Seligenstadt, gegründet worden. In die neu errichtete Basilika ließ Einhard die Gebeine der um 305 in Rom enthaupteten Märtyrer Marcellinus und Petrus überführen, so daß sich Seligenstadt bald zu einem stark besuchten Wallfahrtsziel entwickelte. Mit Ausnahme der "Einhardsbasilika", 830 bis 836 erbaut und 1868 mit einer neuromanischen Fassade versehen, haben die ursprünglichen Klosterbauten die Jahrhunderte nicht überdauert. Auch von einer Erneuerung im 11. und 12. Jahrhundert sind keine Spuren erhalten. Das Bild des ehemaligen Klosters prägen vor allem Gebäude aus dem 17. und 18. Jahrhundert: 1685 entstanden die Alte Abtei, in der sich zunächst die Abtswohnung, später die Klosterapotheke befand, und der Konventbau, der Schlaf- und Wohntrakt der Mönche. 1699 wurde die Prälatur, die Wohnung des Abtes, erbaut. Die Anlage gilt als das vollständigste Ensemble barocker Klosterkunst in Hessen.

Das Kloster verfügte über weitreichenden Streubesitz, der von mehreren Außenhöfen aus bewirtschaftet wurde. Gemüse, Kräuter und Obst pflanzten die Mönche aber auch in der Seligenstädter Abtei an und verwendeten die Produkte in der Klosterküche oder der Klosterapotheke weiter. Nicht nur die Mönche selbst, auch zahlreiche Gäste waren zu verköstigen. So machte Kaiser Leopold I. 1658 auf seiner Krönungsreise nach Frankfurt in Begleitung zahlreicher Herzöge, Fürsten und Grafen in der Abtei Station. Kaiser Karl VI. weilte 1711 zu Besuch; Kaiser Franz II. hielt sich 1792 dort auf. Die Bediensteten des Klosters, das in früheren Jahrhunderten größter "Arbeitgeber" am Ort war, fanden sich ebenso zu den Mahlzeiten ein wie die Geleitsreiter, die die Nürnberger und Augsburger Kaufleute zweimal im Jahr zur Frankfurter Messe begleiteten, und die weniger Begüterten, denen täglich eine Armenspeisung zuteil wurde. An manchen Tagen hatte die Klosterküche mehr als 100 Menschen zu versorgen.

Etwa ein Drittel der gesamten Klosterfläche nimmt der Konventgarten im Osten der Anlage in Anspruch. Auf den meisten der acht von Wegen durchzogenen "Kompartimente" dominiert, von Blumen eingefaßt, kräftiges Rasengrün. Die Verwaltung der Staatlichen Schlösser und Gärten Hessen hat sich vorgenommen, das Areal wieder so herzustellen, wie es im 18. Jahrhundert einmal ausgesehen hat. 1999 oder 2000, so Außenstellenleiter Uwe Krienke, werde es soweit sein. Einige Kompartimente präsentieren sich heute schon in bunter Vielfalt: Rosenkohl, Zitronenmelisse, roter und weißer Mangold sind zu entdecken; dazwischen stehen Hochstamm-Rosen der alten Sorte Madame Knorr, die einen besonderen Duft ausströmen. Weißkraut, Rotkraut und Oregano haben neben Ysop und Thymian einen Platz

Der Konventgarten im Osten des ehemaligen Benediktinerklosters. Die acht von Wegen durchzogenen Kompartimente wurden weitgehend wieder so hergerichtet, wie sie im 18. Jahrhundert waren.

gefunden. Alte Apfel- und Birnensorten wurden ebenfalls angepflanzt.

An die im Mittelalter übliche Praxis, anstelle von teurem Zucker Honig zum Süßen zu verwenden, erinnert ein Bienenstock gleich neben der Mainpforte, der 1993 mit Unterstützung des Seligenstädter Imkervereins rekonstruiert wurde. In dem Teil der Alten Abtei, in dem sich heute noch der Seligenstädter Senioren-Konvent befindet, soll wieder, wie früher, eine Apotheke aufgebaut werden. Krienke denkt daran, auf der Terrasse dahinter einen Apothekergarten mit Heilkräutern anzulegen. In der 1757 von Abt Bonifatius II. Merget errichteten Orangerie züchteten die Seligenstädter Mönche exotische Früchte wie Feigen, Zitronen und Orangen; selbst die Ananas wuchs in dem mit Fußbodenheizung versehenen Gebäude heran. In der Gärtnerei der Verwaltung der Staatlichen Schlösser und Gärten Hessen wird die Tradition fortgesetzt.

Zwischen Alter Abtei und Klostermühle stand einst der Handwerkerbau für die in der Abtei ansässigen Handwerkerbetriebe. Das 1817 wegen Baufälligkeit abgerissene Gebäude trennte den südlich davon gelegenen Wirtschaftshof vom Prälaturhof mit dem "Engelsgärtchen". Hier ließ Abt Bonifatius I. Heller 1734 eine "Maria Immaculata" mit Heiligenfiguren und Engeln aufstellen. Zahlreiche Marienpflanzen wie Akelei, Madonnenlilie, Granatapfel und Pfingstrose zieren den mit Hilfe des Fördervereins Historisches Seligenstadt rekonstruierten Ziergarten. Im "Thiergarten", dem heutigen Mühlgarten, wurden früher Hirsche unter Bäumen gehalten; heute tummeln sich dort Schafe und Gänse. Die Absicht, wieder Damwild anzusiedeln, sei an den vielen Auflagen gescheitert, so Krienke. Im Prälaturgarten, der nach der Säkularisation 1803 als Gartenland genutzt wurde, läßt die Verwaltung der Staatlichen Schlösser und Gärten Hessen derzeit das Kelterhaus wieder aufbauen. Das Areal bietet sich ebenso für Veranstaltungen an wie das Kreuzgärtchen zwischen Basilika, Sommerrefektorium, Krankenbau und Konventbau. Im Kreuzgang, von dem nur noch zwei Seiten erhalten sind, schöpften die Mönche einst neue Kraft beim Gebet.

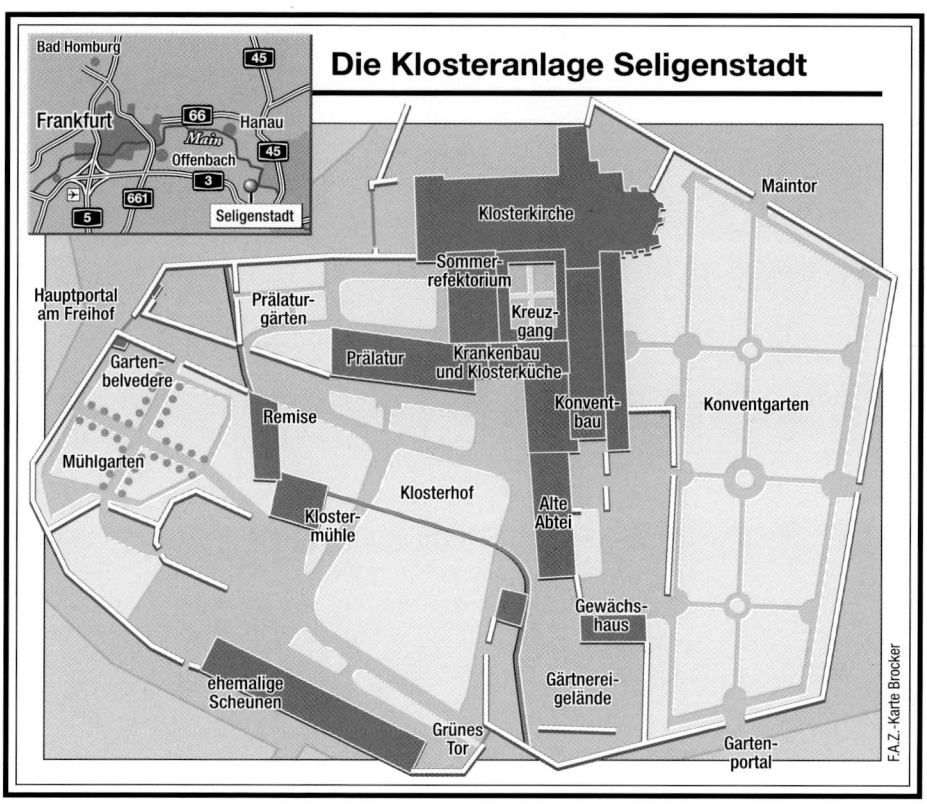

Die Klosteranlage Seligenstadt

Bad Homburg 45
Frankfurt 66 Hanau
Main
Offenbach 45
661 3
5 Seligenstadt

Maintor
Klosterkirche
Sommer-refektorium
Hauptportal am Freihof
Prälatur-gärten
Kreuz-gang
Prälatur
Krankenbau und Klosterküche
Garten-belvedere
Konvent-bau
Konventgarten
Remise
Mühlgarten
Klosterhof
Kloster-mühle
Alte Abtei
Gewächs-haus
ehemalige Scheunen
Gärtnerei-gelände
Grünes Tor
Garten-portal

F.A.Z.-Karte Brocker

Rosenhöhe Darmstadt

Ein Park in bester Wohnlage

Die Natur hat ihren Arm schon mächtig ausgestreckt und einiges vereinnahmt auf der Rosenhöhe. In den südlichen Randzonen ist der Park in Wald übergegangen. Die Bautätigkeit wohlhabender Bürger tat ein übriges. Privatgrundstücke haben sich tief in das ehemalige Parkgelände hineingefressen. Die verstorbene Prinzessin Margaret von Hessen und bei Rhein als frühere Eigentümerin der gesamten Rosenhöhe hatte sich außerstande gesehen, das öffentlich zugängliche Gartenkunstwerk in seinen historischen Dimensionen zu unterhalten. Die Stadt, der sie den Besitz daraufhin 1980 übereignete, ist damit, wie sich heute zeigt, ebenfalls überfordert. Zwar ist der total verfallen und verwuchert gewesene Rosengarten in seiner ganzen Pracht wiederhergestellt worden, sogar noch größer als zuvor, auch die verwilderten Obstplantagen wurden saniert und tragen wieder Früchte. Aber darüber ist der Landschaftspark, der in seinem Kern zu Zeiten der Prinzessin noch relativ gut erhalten war, ins Hintertreffen geraten. Nach dem Wirbelsturm "Wibke", der schmerzliche Lücken in den kostbaren alten Baumbestand mit seinen tropischen Raritäten geschlagen hat, kamen die üblichen Umweltschäden. Viele Bäume wirken krank, haben schüttere Kronen und mageres Blattwerk. Die Rasenflächen sind in struppige Wiesen übergegangen, Blumen blühen nur noch auf den Gräbern vor den Mausoleen der großherzoglichen Familie.

Seit 1982 wird an der Realisierung eines Parkpflegewerks und der Wiederherstellung des Gartendenkmals gearbeitet. 3,8 Millionen Mark waren seinerzeit veranschlagt, 2,3 Millionen Mark wurden bis jetzt ausgegeben, zuletzt standen nur noch Jahresraten von 100.000 Mark zur Verfügung. Gemessen an diesen bescheidenen

Der Rosengarten
war einmal eine
europäische Attrak-
tion, zu der Garten-
freunde aus allen
Ländern zogen.

Mitteln, hat Gartenamtsleiter Reinhard Ruoff bei der
Rekonstruktion des Rosengartens wahre Wunder voll-
bracht. Er machte das Amt zum Ausbildungsbetrieb für
Landschaftsgärtner und die Rosenhöhe zur praktischen
Lehrstelle für die Gartendenkmalpflege. Um mittel- und
langfristig die Kleinode der Gartenkunst sichern zu können, so erkannte Ruoff, müßten junge Fachkräfte wieder
verstärkt an die denkmalpflegerischen Arbeiten herange-
führt werden. Das senkte die Personalkosten beträchtlich.

Die Rosenhöhe gilt als der beliebteste Park im Stadtgebiet. Sie ist als besondere Sehenswürdigkeit in die offiziellen Stadtrundfahrten einbezogen. Der Park war einmal eine europäische Attraktion. Aus allen Ländern
strömten Gartenfreunde herbei, um den Rosengarten zu
bewundern. "Als Vorbild schwebte mir eine Anlage vor",
schrieb ihr Schöpfer, der auch als Gründer der Künstlerkolonie bekannt gewordene letzte Großherzog Ernst
Ludwig, "die den Charakter der bezaubernden Rosengärten Italiens mit ihrer Blütenfülle und ihren Architektur-
einstreuungen mit dem Charakter der künstlerisch und
blumenzüchterisch so hochstehenden Rosengärten Eng-
landes verbinden sollte." Durch die Baumwipfel grüßt
der Hochzeitsturm von der Mathildenhöhe herüber. An
keiner Stelle der Gemarkung reicht die freie Landschaft
so nah an das Stadtgebiet heran. Der Park geht nahtlos
in das Oberfeld über, ein beliebtes Ziel von Spaziergän-

gern, die nach Feierabend schnell noch ein bißchen frische Luft schöpfen möchten.

Bevor die Großherzogin Wilhelmine 1810 den Heidelberger Gartenarchitekten Michael Zeyher damit beauftragte, "auf der Anhöhe eine Gartenkomposition zu schaffen, die den freien edlen Geist landschaftlicher Natur atmet", wuchsen Wein und Feldfrüchte auf dem damals noch so genannten Busenberg. Von den Gebäuden, mit denen Georg Moller die "verschönerte Länderei" verzierte, sind viele nicht mehr erhalten. Pavillons und Schaukel verschwanden, und das prachtvolle Palais Rosenhöhe, das in den Jahren 1903 bis 1918 die preußische Gesandtschaft beherbergte, wurde im letzten Weltkrieg zerstört.

Nur das Pförtnerhäuschen am Fuß der Rosenhöhe neben dem Ostbahnhof steht noch. Hier pflegten die fürstlichen Herrschaften auszusteigen, wenn sie für den kurzen Weg aus der Stadt hinaus den Zug benutzten. Erhalten blieb auch der geheimnisumwitterte "Spanische Turm" am Ende der Obstplantagen, von dem niemand weiß, wann und warum er erbaut wurde; vielleicht als künstlicher Feldherrnhügel bei militärischen Übungen oder als romantisches Liebesnest. Wie andere historische Gebäude im Park ist der Turm bewohnt. Im Teehäuschen pflegte Dolf Sternberger seine Gedanken zu

Seit 1982 wird an der Rekonstruktion des Parkgeländes gearbeitet.

Papier zu bringen; seit seinem Tod ist es verwaist. Direkt hinter dem imposanten Löwentor, das noch zu Lebzeiten Ernst Ludwigs vom ursprünglichen Standort auf der Mathildenhöhe zur Rosenhöhe versetzt worden war, hat die Stadt nach dem Krieg die Gründung einer neuen Künstlerkolonie versucht. Bildhauer und Literaten wurden in Atelierhäusern angesiedelt, aber mehr als exklusiver sozialer Wohnungsbau ist dabei nicht herausgekommen. Die Rosenhöhe ist die beste Wohnlage der Stadt. Kein Wunder, daß um jede Baugenehmigung gefeilscht wurde. Jahrelang stand die Ausweisung noch größerer Baugebiete auf Messers Schneide. Dann fielen die Würfel für den Park und seine historisch getreue Rekonstruktion.

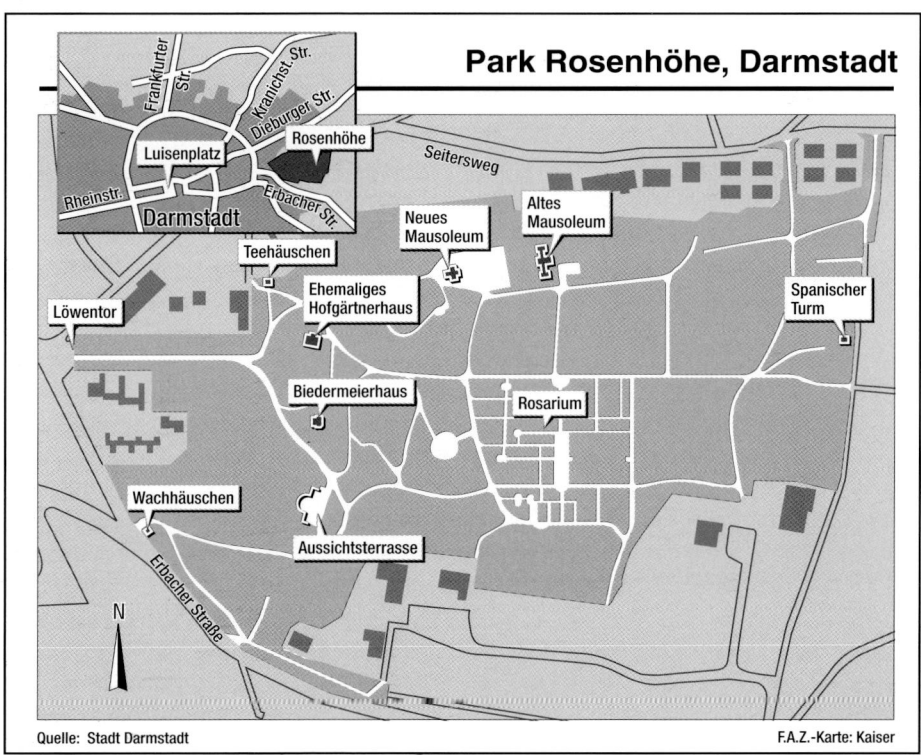

Quelle: Stadt Darmstadt   F.A.Z.-Karte: Kaiser

Vor allem der Rosengarten wurde aus seinem Dornröschenschlaf erweckt. Nun blühen im Juni zwischen gemauerten Säulen und hölzernen Pergolen, kunstvoll eingebettet in Schaubeete und Rasenflächen, gesäumt von steinernen Gesimsen und Podesten, umrahmt von Hecken und Wegen, wieder in verschwenderischer Fülle 10.000 Rosen mit 100 verschiedenen Namen. Auch das Wahrzeichen der Rosenhöhe, die als "Rosendom" berühmt gewordene halbrunde Kuppel und der anschließende Kreuzgang, wurden wiederhergestellt.

"Der Gärtner tut mit seine Sträuchern und Stauden, was der Dichter mit den Worten tut: er stellt sie so zusammen, daß sie zugleich neu und seltsam scheinen und zugleich auch wie zum erstenmal ganz sich selbst bedeuten, sich auf sich selbst besinnen."

HUGO VON HOFMANNSTHAL

Prinz-Georg-Garten in Darmstadt

Stadtidylle hinter hohen Mauern

Für ein Herz, das ausgeht, sich an Gottes Gaben zu erfreuen, gibt es in der Sommerzeit kaum einen Platz, der dazu besser geeignet wäre als der Prinz-Georg-Garten in Darmstadt. Hier können sich die Augen satt sehen an einer überwältigenden Farbenpracht von Sommerblumen, eingebettet in dekorative Gartenarchitektur und die grünen Attribute barocker Gartenkunst. Es ist, als sei die Zeit stehengeblieben, seit vor zweihundert und mehr Jahren die Familie der Landgrafen von Hessen-Darmstadt in diesem Lustgarten und dem dazugehörigen Palais, das damals noch vor den Toren der Stadt lag und von vielen anderen Bürgergärten umgeben war, die Freuden des Sommers genoß.

Ursprünglich bestand der heute so genannte Prinz-Georg-Garten aus zwei Gärten, die zu zwei Sommerresidenzen gehörten, der Palaisgarten zum Prinz-Georg-Palais und der Prettlack'sche Garten zum Haus des Generalleutnants Rudolf von Prettlack. Auf einigen Umwegen gelangte der Nachbargarten um die Mitte des vori-

Eine Idylle hinter Mauern mit Ausblicken auf die Stadt: Der Prinz-Georg-Garten ist ein Ort, an dem die Zeit scheinbar stehengeblieben ist.

gen Jahrhunderts ins Eigentum des Landgrafen, er ließ die Trennmauern niederreißen und vereinigte die beiden Gärten. Das Prettlack'sche Gartenhaus, ein malerischer Barockbau mit Hauptbau, Flügeln und Seitenpavillons, dient gegenwärtig dem Gartenmeister als Wohnhaus und wartet noch auf seine denkmalgerechte Wiederherstellung. Vor allem die aus Abbildungen des Hofmalers Schnittspahn überlieferten Wandmalereien sind beim Wiederaufbau nach dem Krieg nicht mehr erneuert worden.

Längst ist die Stadt an das Naturdenkmal heran-, darum herum- und sogar hineingewachsen. Wohnhäuser rückten an die hohe Mauer, die den Garten umgibt. Wo einst eine Orangerie stand, in der die Kübelpflanzen überwinterten, ragen heute Hochschulbauten empor. Selbst die kurz nach der Jahrhundertwende in neugotischem Stil in unmittelbarer Nachbarschaft errichtete Elisabethenkirche erdrückt das Palais und nimmt ihm einen Teil seiner optischen Wirkung. Auf 1,8 Hektar ist der Prinz-Georg-Garten durch die Bebauung mit Hochschulinstituten in der Zeit vor und nach dem Zweiten Weltkrieg geschrumpft.

Noch in den fünfziger Jahren fochten Denkmalpflege und Liegenschaftsverwaltung des Landes um neue Institutsbauten auf Kosten des Gartens. Erst dann fielen die Würfel für die Erhaltung der Anlage, und erst danach ließ die Hochschule, die bis dahin auf ihr Recht auf eine für bestimmte akustische und meßtechnische Versuche erforderliche absolute Ruhe gepocht hatte, Publikum in den Garten. Andererseits ist der seltene Umstand, daß der Garten in seiner geometrischen Grundstruktur fast unverändert erhalten blieb und nicht den Moden nachfolgender Gartenbau-Epochen unterworfen wurde, dieser späten öffentlichen Zugänglichkeit zu verdanken.

Nachdem das Prinz-Georg-Palais nicht mehr als fürstlicher Wohnsitz genutzt wurde, zog dort die Hofgartendirektion ein, die den Garten fachgerecht pflegte und erhielt. 1906 brachte Großherzog Ernst-Ludwig im Prinz-

Georg-Palais, das seither im Volksmund als Porzellan-Schlößchen geläufig ist, den ganzen Besitz an wertvollem Porzellan des Hauses Hessen-Darmstadt unter. Nach dem Ersten Weltkrieg und der Abdankung des Fürsten wurde der Garten an eine Handelsgärtnerei verpachtet, die ihn als Anbaufläche nutzte, was seinem Charakter nicht grundsätzlich widerstrebte, denn in die Gartengestaltung waren von Anfang an Zier- und Nutzpflanzen einbezogen gewesen. Nach dem Zweiten Weltkrieg entfremdete die notleidende Bevölkerung den einstigen fürstlichen Lustgarten als Grabland. Auf einem Bestandsplan, den Johann Jacob Hill 1779 zeichnete, ist das streifenförmige Raster, das den Anbau von Nutzpflanzen und ihre dekorative Bestimmung verrät, klar zu erkennen.

In diesem historischen Zustand bietet sich der Prinz-Georg-Garten heute den Besuchern wieder dar. Andere Quellen als Abbildungen und Stadtpläne gab es für die Wiederherstellung nicht. Alte Pflanzlisten existierten nicht mehr, sie wurden beim Bombenangriff auf Darmstadt vernichtet. In mannigfacher Vielfalt und verschwenderischer Fülle säumen Blumenrabatten die abgezirkelten geometrischen Felder (Kompartimente) des in der ersten Hälfte des 18.Jahrhunderts entstandenen Rokokogartens, der auf Elemente der klassischen französischen Gartenkunst zurückgreift, in seiner Eigenart und der Kombination von Zier- und Nutzpflanzen jedoch als einmalig gilt. Im Innern der von 20 Zentimeter hohen, schmalen Buxushecken begrenzten, von Grasstreifen und Blumenrabatten gefaßten Kompartimente werden Küchenkräuter und Gemüse angepflanzt, säuberlich in exakte geometrische Muster geordnet.

Alle Pflanzen ziehen die Betreuer des Prinz-Georg-Gartens selbst heran. Im Sommer füllen rund 50.000 Sommerblumen die Beete. In den letzten Jahren ist Gartenmeister Stefan Jagenteufl der Realisierung der in dem Parkpflegewerk angestrebten Ziele schon wesentlich näher gekommen. Die kahlen Rasenflächen innerhalb der Kompartimente wurden durch Nutzpflanzen ersetzt. Spitzkohl, Blattsalate, Fenchel, Mangold, Rote Bete, Wirsing, Aubergine, Sauerampfer und Sellerie stehen auf der Pflanzliste. Immergrüne Formbäumchen, Taxuskegel und Buxuskugeln säumen die Wege. Die Blumenrabatten werden von blühenden Hochstämmchen überragt, die Ränder der Kompartimente markieren Obstbäume im Babyformat, nur an ihrem Blattwerk als Apfel, Birne oder Kirsche zu erkennen. Zwei Sonnenuhren aus rotem Sandstein stehen im symmetrischen Schnittpunkt von zwei Diagonalen, ein Wasserbecken mit Fontäne bildet den Mittelpunkt des Hauptgartens. Ein Teehäuschen aus weißem Gitterwerk lädt zum Ausruhen im Schatten ein, denn in Ermangelung von ausladenden Baumkronen ist fast der ganze Garten in Sonnenlicht getaucht. Im Boskett sind Hecken und Bäume mauerförmig gestutzt. Dazwischen thronen Kübelpflanzen. Die ganze Idylle verbirgt sich hinter einer hohen Mauer und ist nur vom Herrngarten aus zugänglich.

Daß das Land Hessen dem Prinz-Georg-Garten nach dem Schloßgarten von Biebrich und dem Fürstenlager bei Bensheim-Auerbach das dritte Parkpflegewerk über Geschichte und Pflegekonzeption widmete, beweist den herausragenden Rang dieses hessischen Gartendenkmals. Um so erstaunlicher ist, daß viele Darmstädter das versteckte Kleinod gar nicht kennen. Noch mehr entzog es sich den Blicken der Öffentlichkeit, als das Porzellanmuseum vor einigen Jahren geschlossen wurde und das teilweise baufällige Palais einer umfangreichen Restaurierung unterzogen werden mußte. Doch alle, die einmal den Weg in den Prinz-Georg-Garten gefunden haben, kehren wieder, bewundern die Gartenkunst im Wechsel der Jahreszeiten, suchen Ruhe und Entspannung oder erbauen sich am makellosen Ebenmaß der Schönheitsideale einer längst vergangenen Epoche. Der Prinz-Georg-Garten lädt zum Schauen und zum Träumen ein, und selbst die rund 70.000 Besucher, die ihn im Jahresverlauf bevölkern, stören seinen Frieden nicht.

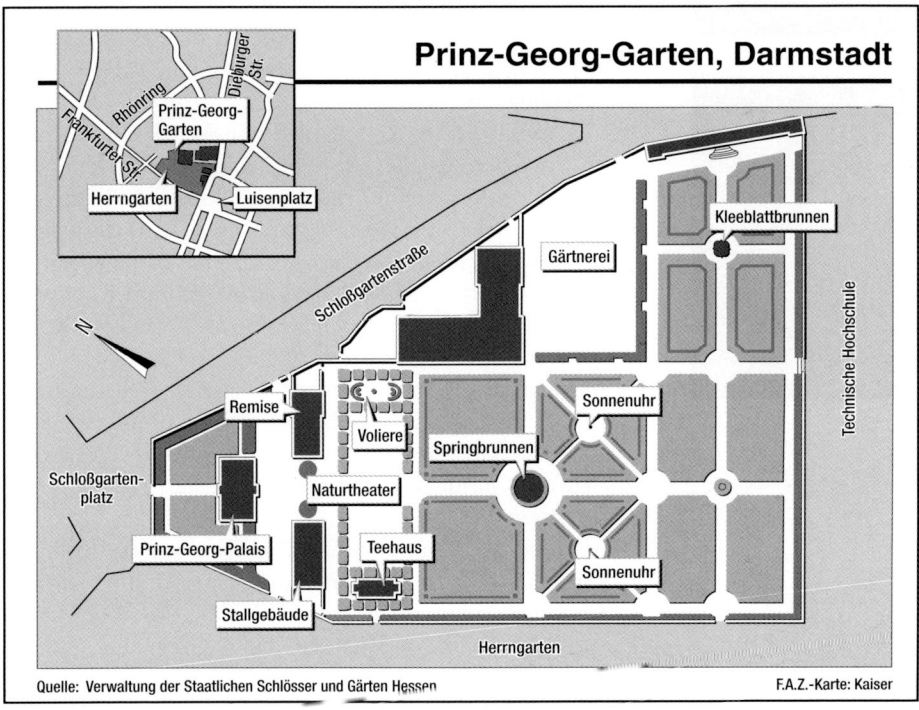

Prinz-Georg-Garten, Darmstadt

Quelle: Verwaltung der Staatlichen Schlösser und Gärten Hessen

F.A.Z.-Karte: Kaiser

Herrngarten in Darmstadt

Einst herrschte Geschmack und Gefühl

Ein fürstlicher Park im traditionellen Sinn hat zum Residenzschloß der Darmstädter Landgrafen und der späteren Großherzöge von Hessen und bei Rhein nie gehört. Auf alten Stadtplänen ist immer nur von einem Garten die Rede oder von verschiedenen Gärten, die sich jenseits des Schlosses erstreckten, von einem Birngarten zum Beispiel oder einem Biengarten. Woraus die Geschichtsschreiber schließen, daß der Schloßgarten, der heute Herrngarten heißt, jahrhundertelang nichts als ein schlichter Nutzgarten gewesen ist. Bezeugt ist die Existenz von Gärten außerhalb des Vorwerks seit dem 16. Jahrhundert. Im 17. Jahrhundert kaufte der Landgraf in großem Umfang Gartenland auf, um das Residenzschloß mit Wällen und Gräben zu befestigen. Die Pläne wurden allerdings nie realisiert.

Um diese frühe Zeit wurden mit der Errichtung eines Wirtschaftsgebäudes zwischen Schloß und Garten auch schon die Weichen für eine Entwicklung gestellt, die später nie mehr zu revidieren war, weil sie eine Verschmelzung von Schloß und Garten nicht mehr zuließ. Im Gegenteil: Die trennende Bebauung wurde immer massiver. Im 18. Jahrhundert errichtete Landgraf Ludwig IX. am Südrand des Herrngartens eine riesige Exerzierhalle, angeblich die größte der damals bekannten Welt; an ihrem Platz steht heute das Landesmuseum, flankiert vom "Moller-Bau" des im vorigen Jahrhundert errichteten Theaters, in dem jetzt das Hessische Staatsarchiv untergebracht ist.

Auch die "Große" Landgräfin Caroline, die an ihrem Hof jugendliche Dichter und Schwärmer um sich versammelte, unter ihnen Goethe, Merck, Wieland, Herder und Kopstock, und der der Herrngarten den Wandel von einem Nutzgarten zu einem Lustgarten im Stil der damals modernen Nachahmung einer freien Landschaft verdankt, vermochte Garten und Schloß nicht mehr zu vereinen. Ihr Grab befindet sich übrigens in jenem "Boskett englischer Art", das sie nahe dem Eingang zum Garten anlegen ließ. Der König von Preußen hat ihr dort später statt eines Grabsteins ein kleines Denkmal gesetzt, eine steinerne Urne mit der Aufschrift: "Femina sexu, ingenio vir" (von Geschlecht eine Frau, vom Geist ein Mann).

Schon früh, in der ersten Hälfte des vorigen Jahrhunderts, ist der seit 1581 von einer Mauer umgebene Garten für die Bürgerschaft geöffnet worden, allerdings nur von morgens bis abends und nicht über Nacht. Darin patrouillierte stets ein Herrngarten-Schutzmann, der nichts anderes zu tun hatte, als für Ordnung und Anstand zu sorgen. Das waren goldene Zeiten, von denen die Obrigkeit, die heute den Park zu unterhalten hat, nur noch träumen kann. Streng juristisch gehört der Herrngarten nach wie vor dem Land Hessen, in dessen Besitz er nach der Gründung des Volksstaates überging. De facto ist jedoch die Stadt dafür verantwortlich. Sie hat 1925 den ganzen Park für 99 Jahre gepachtet und zahlt dafür einen symbolischen Pachtzins von einer Mark pro Jahr.

Im Parkpflegewerk, das die Stadt vor drei Jahren als Grundlage für eine langfristige Sicherung des Denkmalschutzes in dem historischen Garten erstellt hat, klingen bittere Töne an: "Die Ansprüche des Tagespublikums an den hoffnungslos übernutzten Park haben mit einem dichten Netz von Trampfelpfaden, mit ständigem Vandalismus und mit häufigen, teilweise schweren Unfällen durch rücksichtslose Radfahrer derart markante Spuren hinterlassen, daß die Denkmaleigenschaften ebenso wie die in der Innenstadt sehr bedeutsame ökologische Potenz in hohem Maße ins Hintertreffen geraten sind." Noch ärger beeinträchtigen Drogenkonsum und damit zusammenhängende Kriminalität den Erholungswert der Parkanlage. Nach Einbruch der Dunkelheit sollte man den Herrngarten tunlichst meiden. Obwohl Gartenamtsleiter Reinhard Ruoff von etlichen Fortschritten bei der praktischen Umsetzung des Pflegeplans berichten kann, vor allem was die Entsiegelung der Wege und die Reduzierung des Wegenetzes auf den historischen Zuschnitt betrifft, bleibt es für ihn bei der betrüblichen Erkenntnis: "Der Herrngarten wird gebraucht und mißbraucht, nicht erlebt, sondern benutzt."

Um einen Stadtpark dieser Größenordnung in unmittelbarer Nachbarschaft der City ist Darmstadt zu beneiden. Weite Wiesen unter hohen alten Baumkronen laden zum Flanieren und Verweilen ein. Blumenrabatten sind nur sparsam in die grüne Kulisse des typischen Landschaftsgartens eingeflochten, wenige Denkmäler und steinerne Blickpunkte verstecken sich hinter Büschen und Hecken. Ein Teich, der früher einmal vom Darmbach gespeist wurde, bildet mit einer malerisch hineingebetteten Insel einen beliebten Treffpunkt für junge Mütter mit kleinen Kindern und Rentner, die Zeit und Muße haben, sich täglich auf ganz bestimmten Bänken einzufinden. Für den Teich wird die Stadt übrigens demnächst tief in die Tasche greifen müssen. Die nach dem Krieg eilends und nicht sehr fachgerecht angelegte Betonsohle ist undicht geworden, der Teich verliert laufend Wasser. Auch die Fontänenanlage ist altersschwach. Bis zum Jahr 2001 sollen 700.000 Mark in die Erhaltung investiert werden.

"Hinter dem Schloß ist der herrschaftliche Küchengarten in einen Garten im neuen Geschmack umgeschaffen", hat Merck das Werk der Großen Landgräfin seinerzeit geschildert, "das Ganze ist ohne Grundriß schwer zu beschreiben, indem man bald auf geschmückte Rasenstücke, bald auf freyere Wiesen, auf Plätze mit allerley Rosen besetzt, auf Gruppen von Linden und wieder auf Alleen stößt. Überall aber herrscht Geschmack und Gefühl. Auch der Botaniker findet hier seine Rechnung, indem weit über dreyhundert Arten der seltensten nordamerikanischen Sträucher und Gewächse gezogen und durch Handel betrieben werden." Die ältesten Bäume,

Bei den Darm-
städtern ist der
Herrngarten beson-
ders beliebt. Das
Gartendenkmal in
unmittelbarer Nach-
barschaft der Stadt
lädt ein zum Fla-
nieren und Verweilen
und erfüllt damit die
"Ansprüche des
Tagespublikums".
Zugleich leidet es
unter Vandalismus
und Übernutzung.

eine Reihe von Platanen entlang dem Querweg, schätzt
Ruoff auf 300 Jahre. Sie wieder von den Erdmassen zu
befreien, die um sie herum aufgeschüttet wurden, um
jenen Weg, den sie säumen, zu einem flachen Damm zu
erhöhen, ist ein Detail des Parkpflegewerks. Auf dem
Damm und darauf verlegten Schienen rollte in den
ersten Nachkriegsjahren eine Lorenbahn, die die Trümmer aus der ausgebombten Stadt abtransportierte. Früher verlief der Weg in einer Mulde, die die angrenzenden
Wiesen noch weitläufiger erscheinen ließ. Inzwischen
dienen die Hauptwege des Herrngartens fast ausschließlich als Radwege-Verbindungen zwischen Hochschule,
Stadtmitte und den citynahen Altbaugebieten.

"Der Herrngarten ist ein Gartendenkmal und unter-
liegt als solches den Bestimmungen des Denkmalschutzes", haben die Verfasser des Pflegeplanes den Stadtvätern seinerzeit ins Gedächtnis geschrieben. "Maßnah-
men im Park dürfen daher prinzipiell den Grundsätzen
der Denkmalpflege nicht widersprechen." Eine solche
zweifelhafte, aber kaum noch umkehrbare "Maßnahme"
war zweifellos die 1980 erteilte Zulassung des Fahrradver-
kehrs. Das Lagern und Spielen auf den Rasenflächen ist
schon in den siebziger Jahren erlaubt worden. Auch ein
"Aktivspielplatz" am nördlichen Parkrand deckt sich bei
aller Einsicht in die Notwendigkeit, Kindern aus dem an-

grenzenden Martinsvierteln Freiräume zu bieten, eigentlich nicht mit dem historischen Wesen des Gartens. Erst in jüngster Zeit haben Auseinandersetzungen um den Bau eines neuen Herrngartencafés an demselben Platz, an dem einst ein historisches Vorbild stand, hohe Wellen geschlagen.

Der Gartenarchitekt Hirschfeld muß 1785 weit in die Zukunft geblickt haben, als er schrieb: "In der That wäre es schade, wenn der Garten andere Scenen, die seinem Charakter nicht zustimmen, aufnehmen oder irgend eine Veränderung leiden sollte, die seinen melancholischen Ernst vernichtete."

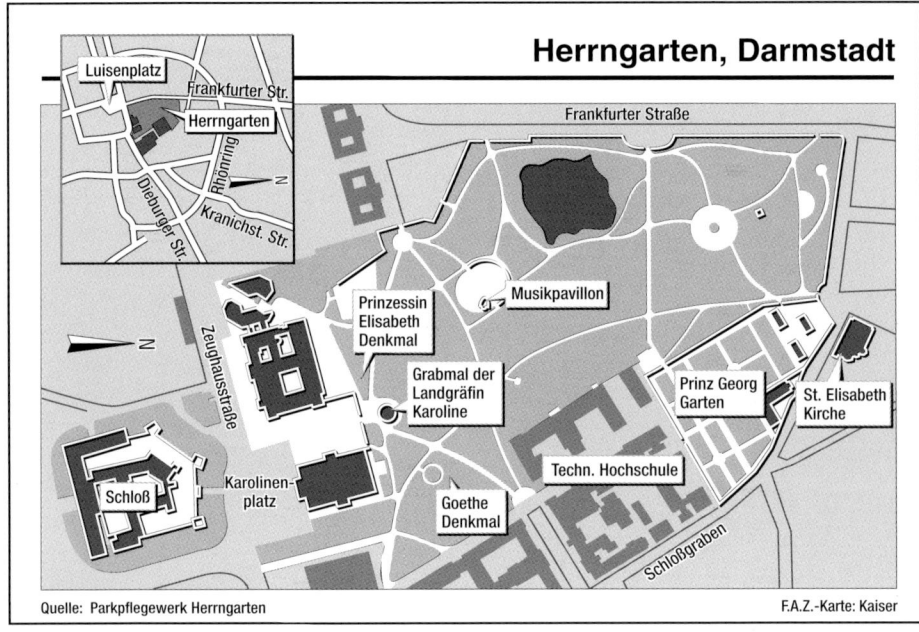

Stadtpark Rüsselsheim

Die grüne Lunge der Innenstadt

Bei einer Stadt mit einer Autofabrik mag mancher beim Wort "Park" eher an Stellflächen für Autos als an historische Grünanlagen denken — Rüsselsheim hat tatsächlich aber beides. Nur einen Steinwurf vom Marktplatz entfernt streckt sich der Stadtpark entlang des Mains, einst als englischer Garten für adelige Herrschaften angelegt, heute als Naherholungsgebiet und grüne Lunge der Rüsselsheimer Innenstadt von den Bürgern genutzt. Seit seinem Bau hat der Park zwar etliche Veränderungen über sich ergehen lassen, einige Flächen hat die Stadt in diesem Jahrhundert für ihre Zwecke verwendet, dennoch ist der Garten bis heute Teil einer für die Stadt historischen Achse, an der die alte Festung und die Villen der Industriellenfamilie Opel liegen.

Von 1850 an ließ die Familie des Freiherrn von Verna den Park anlegen. Sie hatte das ehemalige Amtshaus und das umgebende Gelände gekauft, um es in eine Villa mit Garten umbauen zu lassen. Das Geld dafür stammte freilich nicht aus dem Besitz der Adelsfamilie Verna: Der Freiherr hatte reich geheiratet und ließ einen Teil des so erworbenen Geldes in Villa und Park verbauen. 15 Jahre dauerte es, bis die Anlage fertiggestellt war. Gebaut wurden in dieser Zeit auch verschiedene Requisiten, wie sie für englische Gärten damals als typisch galten: Eine kleine Mühle wurde errichtet, und künstliche Ruinen wurden in dem von einer Bruchsteinmauer umgrenzten Park errichtet. Die alte Mauer ist heute nur noch auf der dem Main zugewandten Seite erhalten, zur Innenstadt hin wurde sie durch modernes Baumaterial ersetzt.

Die Gartenarchitekten folgten großen Vorbildern: Der Leiter des städtischen Museums hat auf etliche Parallelen zu einer Anlage im Schloßpark von Versailles verwiesen. Zwar halten viele seine These, der Stadtpark sei beinahe eine maßstabsgetreue Verkleinerung des Gartens in Paris, für zu weit hergeholt. Aber tatsächlich werden die gleichen landschaftsgärtnerischen Stilelemente eingesetzt, wie sie sich auch rund um das Landschlößchen Petit Trianon finden. So markiert dort das Schlößchen den Eingang der Gartenanlage, in Rüsselsheim betrat man früher von der Villa her den Park. So gesehen, liegt der heutige Haupteingang auf der falschen, der westlichen Seite.

Der Illusion des idyllischen Landlebens diente zu Vernas Zeiten die im Zentrum des Parks gelegene Wassermühle. Deren Rad wurde freilich nicht wirklich von einem Wasserlauf angetrieben, sondern — anno 1860 ganz zeitgemäß — von einer der ersten Dampfmaschinen in Rüsselsheim. Dem wildromantischen Eindruck diente auch ein Wasserspiel am westlichen Ende des Parks: Aus einem Bogen rieselte Wasser als Schleier herab, ein Gemälde auf einer dahinter liegenden Wand täuscht räumliche Tiefe vor.

1912 entschloß sich die Stadt Rüsselsheim zum Kauf des Parks, die Bürger sollten sich künftig dort erholen können. 250.000 Mark kostete das Geschäft die Stadt, die in der Folge einige Änderungen an der ursprünglichen Anlage vornahm. Der schwerwiegendste Eingriff war der Bau der Parkschule im Osten des Gartens, die alten Sichtachsen des Parks sind seitdem verstellt. Auch das heutige Wegenetz entspricht kaum mehr den historischen Plänen, ganz zu schweigen davon, daß sie früher auch nicht asphaltiert waren. Wieder verschwunden, wie auch Gewächshaus und Stallungen, ist auch die erste katholische Kapelle Rüsselsheims; sie fand seinerzeit Platz im Stadtpark. Sie stand auf einem der Aussichtspunkte, von denen aus man einen Überblick über den Garten gewinnen konnte. Dafür ist nach dem Zweiten Weltkrieg eine der heutigen Attraktionen in den Park verlegt worden: Es gibt eine Voliere mit exotischen Singvögeln. Sittiche, verschiedene Finken und Papageien leben im Vernapark, veranstalten ein Heidenspektakel und lassen es sich zur Freude der Besucher auf städtische Kosten gutgehen. Das Gebäude ihrer Voliere war früher ein Gehege für Eichhörnchen. Das aber hat den Anforderungen an eine tiergerechte Haltung überhaupt nicht entsprochen, daher ließ Rüsselsheim es so umbauen, daß reichlich Platz für die Singvögel entstand. Nach langer Pause wieder eröffnet ist die Minigolfanlage im Stadtpark. Neun Bahnen stehen dort bereit, die in den letzten Jahren ungenutzt blieben. Inzwischen hat sich

Die Illusion des Landlebens gehört zur gepflegten Phantasie des 19. Jahrhunderts auch in Rüsselsheim. Seit 1912 ist der Park im Eigentum der Stadt.

99

wieder ein Pächter gefunden, der das Freizeitangebot betreut.

Für die Pflege des Gartens sind laufend drei bis vier Mann unterwegs, um Pflanzen und Wiesen in Schuß zu halten. Die heutige Intensität der Pflege entspricht übrigens nicht der früheren Gepflogenheit: Das Gras zum Beispiel ist seinerzeit nur zweimal im Jahr geschnitten worden, wie das in der Landwirtschaft üblich ist. Geändert hat sich auch das Verhältnis zu exotischen Pflanzen. Die waren früher fester Bestandteil eines solchen Ziergartens. Man wollte etwas zum Vorzeigen haben, Gärtner und Gartenbesitzer waren damals besonders stolz auf solche Exoten gewesen. Sie gehörten in solchen Gärten einfach dazu. In dieser Frage hat sich die Anschauung ein wenig geändert. Heute werden eher "ortstypische" Pflanzen gesetzt.

Seine Hauptbestimmung als Naherholungsgebiet der Innenstadt genügt der Stadtpark mit Pflanzen jeglicher Herkunft. Aber der Vernapark, diesen Namen möchte vor allem der Kulturamtsleiter für den Garten populär machen, spielt auch bei den kulturpolitischen Überlegungen eine Rolle. Von der alten Festung über die Opelvillen bis hin zur Autofabrik soll ein "Kulturbogen", eine Linie mit Schauplätzen von Kunst und Kultur, entstehen, in der der Vernapark einen prominenten Platz einnimmt. Frühere Versuche einer kulturellen Nutzung haben im Park keine uneingeschränkte Zustimmung gefunden: Als eine Plastik Ottmar Hörls dort aufgebaut wurde, rief das handgreifliche Kritiker auf den Plan. Eines Nachts montierten sie die Plastik mit einem Trennschleifer ab, erst wenige Tage später tauchte das gute Stück wieder auf: Die Unbekannten hatten es in einer weiteren Nacht-und-Nebel-Aktion vor einer Flörsheimer Kirche einbetoniert. Auf die Beliebtheit des Parks bei Spaziergängern und Berufstätigen, die dort ihre Mittagspause verbringen, haben Diebstahl und Wiederkehr der Plastik keinen Einfluß gehabt.

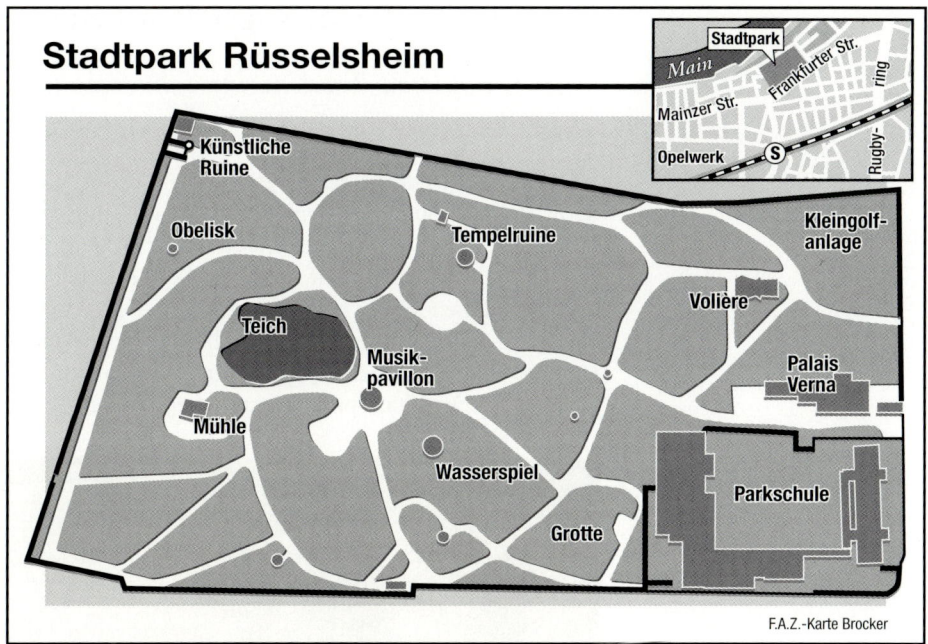

Stadtpark Rüsselsheim

Stadtpark
Main
Mainzer Str.
Frankfurter Str.
ring
Opelwerk (S) Rugby-ring

Künstliche Ruine
Obelisk
Tempelruine
Kleingolf-anlage
Volière
Teich
Musik-pavillon
Palais Verna
Mühle
Wasserspiel
Parkschule
Grotte

F.A.Z.-Karte Brocker

"Es ist nicht unumgänglich nötig, daß ein Park einen sehr großen Umfang habe, um einen großen Effekt zu machen. Denn ein Garten im großen Stil ist eben nur eine Bildergalerie, und Bilder verlangen ihren Rahmen."

HERMANN FÜRST PÜCKLER-MUSKAU

101

Staatspark Fürstenlager Bensheim

Landgrafen-Residenz im Talkessel

Das Bezaubernde an der Bergstraße liegt nicht zuletzt darin, daß man in kurzer Zeit entweder den Kamm überschreiten oder in einem engen Seitental die laute und geschäftige Rheinebene mit ihren Straßen, Autobahnen und Bahnlinien hinter sich lassen kann. Dann wartet eine ganz andere Landschaft, nicht besonders spektakulär, eher gemächlich geruhsam, gebirgig zwar, aber nicht allzu steil. Der Staatspark Fürstenlager in Bensheim-

Auerbach bietet beides: Bergstraße und Odenwald, im wörtlichen Sinne je nach Standort. Weil dem Park alles Prunkvolle abgeht, weil er nichts Barockes an sich hat und weil er in die Landschaft ausfranst, geht der Besucher auch nicht durch ein großes Tor und steht im Park, sondern läßt sich durch die Landschaft in ihn hineinziehen.

Das Fürstenlager liegt in einem engen Talkessel, der nach hinten wie eine Wanne wirkt und keinen allzu breiten Zugang von außen hat. Die Abgeschiedenheit und die topographisch eher schwierige Lage haben ihren Tribut verlangt: Für große, prächtige Bauten an den Hängen war kaum Platz, für südliche Pflanzen reichte das

Die Gebäude im Staatspark Fürstenlager bilden ein kleines Dorf. Für prächtige Herrschaftshäuser war in dem engen Talkessel kein Platz.

103

Klima nicht, denn die Hügel werfen zu viel Schatten.

Ein kleines Dörfchen bilden die Gebäude im Zentrum des Tales. Sie haben alle eine eigene Geschichte, manche hatten über längere Zeit auch eine Funktion, und die wechselte je nach Bedeutung des Fürstenlagers. Hier wohnte die Herrschaft mit ihren Angestellten, hier wurden mit Feldfrüchten Erträge erwirtschaftet, wenngleich die Fürsten nicht allzuviel von den Beschwerlichkeiten mitzubekommen wünschten. Im Fürstenlager findet sich kein repräsentatives Schloß, in das man sich nach Ausflügen, Schäferspielen oder sonstigen Vergnügungen zurückzog. Und die Wirtschaftsgebäude sahen nicht viel anders aus als die beiden Herrschaftshäuser, von denen nur das Herrenhaus zweistöckig war.

Bevor das Fürstenlager zur Sommerresidenz der Landgrafen und Großherzöge von Hessen-Darmstadt umgestaltet wurde, ging ihm schon eine Geschichte als Kurbad voraus, aus der aber schließlich nichts wurde, das Wasser hatte nicht die erhoffte und erwünschte heilende Wirkung. Mehrere Versuche, den Gesundbrunnen inmitten des Parks aufzuwerten, scheiterten. Der Ruf des Heilwassers erreichte in der ersten Hälfte des 18. Jahrhunderts den Darmstädter Hof, doch schon 1740 kam der Badebetrieb zum Erliegen, weil der Brunnen völlig verschlämmt war. 1766 machte man die Quelle wieder zugänglich, was täglich 200 bis 300 Besucher zu schätzen wußten. Im August 1767 kam Landgraf Ludwig VIII. selbst zur Kur ins Auerbacher Bad, was zu einer dauerhaften Einrichtung des Badebetriebs in den Sommermonaten führte. Nun wurden auch erste dauerhafte Gebäude errichtet. Wenige Jahre später verbrachten die Herrschaften regelmäßig die Sommermonate im Fürstenlager, sie erwarben immer mehr Grundstücke in der Nähe des Brunnens, erstellten immer mehr Gebäude in Pavillonform.

Parallel dazu begann man mit der Anlage des Parks. Lusthäuschen und Gedenksteine fanden eine Verbindung in Form von Alleen. Ein Badehaus wurde nie aus-

geführt, später traten die Badekuren in den Hintergrund, man machte "Urlaub auf dem Land". Doch das Landgrafenpaar benötigte den gewohnten Hofstaat, so daß Ende des 18. Jahrhunderts vom Landgrafen bis zur niedrigsten Magd 90 Menschen gezählt wurden. Die große Zeit des Fürstenlagers ging mit dem Tod von Großherzog Ludwig I. im Jahre 1830 zu Ende. Danach diente es dem Hof als Sommerfrische. Die Pläne für den Park, die zunächst eine regelmäßige, eher konventionell klassische Gestaltung mit dem Brunnen als Zentrum vorsahen, wurden überwiegend nicht ausgeführt. Behutsam erwarb man mehr Gelände, bepflanzte es vor allem mit exotischen, zumeist aus Amerika eingeführten Bäumen. Blumen spielten nicht die große Rolle, wenngleich an manchen Stellen heute im Sommer eine Allee von Kübelpflanzen Farbe auf die Wege bringt. Zunächst beschränkte sich die Gestaltung auf eine Reihe von Alleen aus Pyramidenpappeln — am liebsten baumsaalartig. Heute stehen an ihrer Stelle Linden. Angenehm fällt auf, daß sich der Park an den Rändern in Wald auflöst, nach Osten und dem Odenwald zu in eine große Obstwiese mit Apfelallee, auf der Südseite ist er von Weinbergen umgeben, in die man eintritt, wenn man den Wannenrand erstiegen hat.

Üblicherweise geht der Besucher — die meisten bleiben für eine Stunde, manche aber auch weit länger — vom Parkplatz durch die Lindenallee an Schwanenteich und Entenweiher vorbei immer sanft nach oben, passiert die Wirtschaftsgebäude und stößt unweigerlich auf den Brunnen, der im 18. Jahrhundert als Rotunde mit Buntsandsteinen angelegt wurde. Dahinter liegt das Herrenhaus, das heute ein bekanntes Restaurant beherbergt. Von dem Platz davor öffnet sich ein Blick nach oben auf die Herrenwiese, die mit hohen Bäumen umstellt ist und an eine Weide in den Alpen erinnert.

Man sollte sich treiben lassen, nach Lust die Hänge besteigen und dort die Aussicht genießen, sei es vom Nordhang auf die Rheinebene, sei es vom Südhang über Weinberge nach Bensheim, zur Starkenburg, nach Worms. Hier ist dann die Ebene wieder ganz nah. Die Alleen leiten den Spaziergänger. Man kann auch die Ecken und Plätze finden, die zur Entspannung angelegt worden waren, die Eremitage weit oben im Tal, das Luisendenkmal, die Grotte, den Monopterus. Manches ist auch wieder verschwunden oder abgerissen, so eine russische Kirche. Alten Unterlagen zufolge war die Arten- und Sortenvielfalt von Bäumen und Sträuchern vor 130 Jahren größer als heute. Nach 1918, als Park und Gebäude in den Besitz des Volksstaates Hessen übergingen, wurden die Bäume forstwirtschaftlich genutzt. Schmuckpartien gingen verloren. 1953 gelangte die 42 Hektar große Anlage in die Obhut der Verwaltung der staatlichen Schlösser und Gärten, die seit 1980 eine behutsame Restaurierung versucht.

Ein Rückschlag für manchen Abschnitt waren die Frühjahrsstürme des Jahres 1990, als am Südhang große Teile des Hochwaldes einstürzten. Nun besteht die Möglichkeit, auf den lichten Hängen die ursprünglich vorhandenen Alleen und statt des Hochwaldes lockere Haine zu pflanzen. Ein ausführliches Parkpflegewerk gibt dazu Anleitung. Eines der nächsten Ziele der sechs Mitarbeiter ist die Wiederherstellung eines Küchengartens.

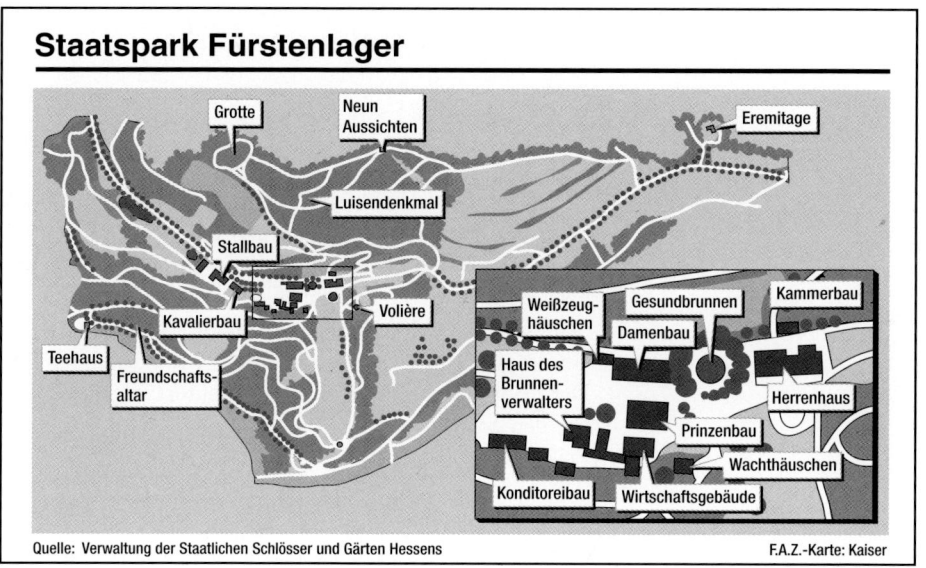

Staatspark Fürstenlager

Grotte

Neun Aussichten

Eremitage

Luisendenkmal

Stallbau

Kavalierbau

Volière

Teehaus

Freundschafts-altar

Weißzeug-häuschen

Gesundbrunnen

Kammerbau

Damenbau

Haus des Brunnen-verwalters

Herrenhaus

Prinzenbau

Wachthäuschen

Konditoreibau

Wirtschaftsgebäude

Quelle: Verwaltung der Staatlichen Schlösser und Gärten Hessens

F.A.Z.-Karte: Kaiser

"Es geschmackwidrig zu finden, daß man den Bäu-men und Stauden, in Spalieren, Hecken und Lauben nicht ihren natürlichen Wuchs läßt, ist daher nicht viel anders, als wenn man ein Gebäude deswegen tadelte, weil es nicht aus natürlichen Felsenstücken, sondern aus behauenen Steinen zusammengefügt ist."

AUGUST WILHELM SCHLEGEL

Frankfurter Parks

Begehrte grüne Inseln mit Geschichte

Auf Napoleon hat sich Thomas Koenigs bisher noch nicht berufen. Dabei könnte man mit einiger Phantasie und gutem Willen den kleinen Korsen mitverantwortlich machen für eine Lieblingsidee des grünen Umweltdezernenten, die in der Frankfurter Stadtpolitik seit Jahren eine Rolle spielt: die sogenannte Grüngürtelplanung. Der erste, historische Ring um Frankfurt ist beim Blick auf den Stadtplan mühelos heute noch als grüne Zickzacklinie zu erkennen, fast 200 Jahre nachdem die Befestigungsanlage auf Befehl des Franzosen geschleift wurde. Die Wallanlagen, im 17. Jahrhundert nochmals verbessert und ausgebaut, wurden zwar schon von 1705 an begrünt. Aber erst mit Gründung des Rheinbundes 1806 ging die Stadt an eine Umgestaltung im "modernen Sinne".

Der neue Landesherr, Fürst Carl von Dalberg, ließ das Festungsgelände parzellieren und mit der Auflage versteigern, daß Gärten mit allenfalls kleinen Häuschen anzulegen seien, und jeder zum "gemeinen Wohle" einen Teil für einen Spazierweg abzutreten habe: Frankfurt bekam damit seine erste, vom Kunstgärtner Sebastian Rinz gestaltete öffentliche Grünanlage, die, mehr als fünf Kilometer lang, die Stadtgrenze markierte.

Die Frankfurter waren von dem städtischen Grünprojekt begeistert. Mutter Goethe schrieb an ihren Sohn in Weimar: "Du würdest die Außenzeile deiner Vaterstadt nicht mehr erkennen. Um die ganze Stadt... gibt es einen Park, ein Bosket... Man glaubt, es sei Feercy. Unsere alten Perücken hätten so was bis an den jüngsten Tag nicht zu wegen gebracht. Bey dem kleinsten Sonnenblick sind die Menschen ohne Zahl vor den Thoren, Christen, Juden, pele-mele, alles durcheinander in der schönsten Ordnung. Es ist der rührendste Anblick." Die

Promenaden, hieß es auch stolz in einer Würdigung von 1891, trügen dazu bei, daß "Frankfurt zu den gesündesten größeren Orten Deutschlands gezählt werden darf".

Städtische Gartenkunst, das ist in Frankfurt eine vergleichsweise kurze Geschichte, denn die Entwicklung hat kaum Vorläufer in einer feudalen Gartenarchitektur. Über die Mainmetropole ragen nicht die Reste eines Schlosses mit barockem Garten wie in Heidelberg, und die Bank- und Versicherungsangestellten können sich auch nicht beim Joggen in einer so gigantischen Anlage verlaufen wie die Kasseler auf ihrer Wilhelmshöhe. Frankfurter Gartenkunst lebt nicht vom großen Wurf eines absolutistischen Herrschers mit Geschmack, sondern von einer Art gartenarchitektonischem Patchwork.

Maßstäbe setzten hierbei zunächst der Gestaltungswille und ästhetische Sinn einiger wohlhabender Familien; sie erwarben vor den Toren der Stadt kleine Grundstücke, aus welchen sich nach und nach Landsitze mit repräsentativen Parks entwickelten; erst mit der Jahrhundertwende wurde die Gestaltung der Natur zu einer fast ausschließlich kommunalen Aufgabe.

Zur Orientierung hilft wiederum ein Blick auf die Stadtkarte. Wer mit dem Finger darüber hinwegfährt und an den grünen Flecken hängenbleibt, hat sie schnell ausgemacht, die ersten, wichtigen "Gartenkünstler" Frankfurts: etwa die Patrizierfamilie von Holzhausen, die vor den Toren der Stadt ihre "Oed" als Sommerresidenz ausbaute (Holzhausenpark); Georg Brentano, der 1809 im Dorf Rödelheim ein Areal kaufte, das zuvor der preußische Hofrat Friedrich Wilhelm Basse, beraten durch Goethe, hatte anlegen lassen (Brentanopark); die Familie Johann Philipp Bethmann, die vor dem Friedberger Tor den Bethmannschen "Garten vor dem Thore" anlegte (Bethmannpark), oder Amschel Mayer von Rothschild, der 1816 ein Grundstück mit kleinem Landhaus erwarb (Rothschildpark).

Diese einstigen Familienresidenzen sind – neben dem Palmengarten – Frankfurts wichtigstes grünes Erbe, weil

sie auf so typische Weise den Charakter der Bürgergesellschaft wiederspiegeln. Längst sind sie vom ländlichen Familiensitz zur innerstädtischen "Gebrauchsgrünfläche"
mutiert und haben im Wettkampf mit den Nutzungsan-
sprüchen der Großstadt schlimme Wunden davongetra-
gen: Es gibt kaum einen Park, der die vergangenen 200
Jahre ohne Verlust an Gelände oder baulicher Substanz
überstanden hat und noch heute sein historisch erkenn-
bares Bild bietet.

Ein Großteil der Schäden sind Folgen der Bombardie-
rungen Ende des Zweiten Weltkrieges. Aber nicht nur.
"Erstaunlicherweise", so schreibt der frühere Frankfurter
Gartenamtsleiter Frank Blecken, "haben historische
Stadtparks in den vergangenen 50 Jahren am meisten ge-
litten, nicht nur durch Kriegsereignisse, die zu Zerstörungen und Zweckentfremdungen für zweifellos lebens-
notwendige Nutzungen führten, sondern auch in den
Nachkriegsjahren mit einer gewissermaßen zweiten und
endgültigen Zerstörung durch die Beseitigung von de-
molierter baulicher Substanz."

Als Beispiel läßt sich der Umgang mit den Resten des
Schlosses im Grüneburgpark nennen, des einstigen
Mittelpunkts des kleinen Anwesens, das Amschel Mayer
von Rothschild 1837 gekauft hatte und zu einem großen
Garten mit weitschwingenden Wegen, Laubengängen, Pavillons und Teich anlegen ließ. Ende des Zweiten Welt-
kriegs wurde das Schloß in Schutt und Asche gelegt. Der
Abtransport der Trümmer fügte, wie der Landschaftsarchitekt Peter Jordan glaubt, dem Gartendenkmal den
größten Schaden seiner Geschichte zu. Denn die Kern-
substanz sei durchaus noch erhalten geblieben, "und
zahlreiche Teile hätten aus den Trümmern geborgen und
wiederverwendet werden oder zumindest als Modell für
eine Nachfertigung dienen können".

Allen Schäden zum Trotz hat Frankfurt dennoch historisch wertvolle Grünanlagen. Je nach Zählweise finden sich mehr als 30 Parks und Gärten im Stadtgebiet,
vom nicht mal einen halben Hektar großen

Heddernheimer Stiftsgarten bis zum 168 Hektar großen Volkspark Niddatal; von den etwa 1350 Hektar Grünfläche der Kommune stehen rund 350 unter Denkmalschutz. In ihnen dokumentieren sich der Umgang der Stadtgesellschaft mit der Natur und die sich wandelnden architektonischen Gestaltungsprinzipien.

In dem Moment, da mit dem spektakulären Projekt der Wallanlagen die Gartenkunst aus dem privaten Raum einzelner Bürgerfamilien oder aristokratischer Häuser heraustrat, kam unweigerlich die Stadtpolitik ins Spiel, die über Gestaltung, Pflege und Bau entscheidet. Von Beginn des Jahrhunderts an wurde die Kommune selbst mehr und mehr zum Gartenkünstler. Sozialpolitische Gesichtspunkte wurden immer wichtiger, die grünen Flecken sollten nicht mehr der Repräsentation und Muse, sondern der Erholung, Ertüchtigung und Freizeit dienen. Ein erstes, zugleich typisches Beispiel für die Volkspark-Idee ist der Ostpark, ein weiträumiger Landschaftspark, sehr beliebt bei vielen mehr oder weniger begabten Fußballspielern. Die ersten Entwürfe gehen auf den städtischen Gartendirektor Andreas Weber zurück, zwischen 1907 und 1911 wurden die Pläne ausgeführt, in denen der Freizeitgedanke dominierte. Ein Weiher als Eislauffläche im Winter und Badegelegenheit im Sommer ist Bestandteil ebenso wie eine Reihe offener Sportplätze.

Die einzige Neuschöpfung der vergangenen Jahre, sieht man von dem chinesischen Garten im Bethmannpark einmal ab, ist der Volkspark Niddatal, der im Zuge der Bundesgartenschau angelegt wurde und von Beginn an umstritten war. Zahlreiche weitere Anlagen sind jedoch geplant oder im Entstehen, etwa der Spielpark Heiligenstock bei Seckbach und der Stadtpark Nieder-Eschbach. Der Günthersburgpark, einer der am stärksten genutzten Anlagen, ist erweitert und auf Teilflächen "modernisiert" worden; während der alte Park der Idee einer "idealisierten Landschaft" folgt, soll der neue Teil nach dem Konzept von Dieter Kienast "von und mit den Widersprüchen der Zeit leben"; noch liegen die Pläne jedoch in der Schublade. Auch das Schwanheimer Unterfeld eignet sich Koenigs zufolge für eine Gestaltung zur Gartenlandschaft.

Die Gartenkunst der Gegenwart steht vor einigen Hürden. So fehlt es auch hier der Stadt an Geld. Der Umweltdezernent hat nicht einmal die Mittel für "ein paar neue Bäume", wie er einräumt. Mehr noch als an Geld scheint es ihr aber an Akzeptanz zu fehlen. Zwar sind Landschaftsarchitekten der Meinung, daß das Naturangebot einer Stadt ein wichtiger Standortfaktor ist. Dennoch führen Landschaftsplanung und Parkkunst ein Schattendasein. Die "hängenden Gärten" der Commerzbank und die Patenschaft, die das Kreditkartenunternehmen American Express für den Günthersburgpark übernommen hat, sind vielleicht Hinweise, daß die Wertschätzung künstlerisch gestalteter Natur auch außerhalb der Behörden eine Renaissance erlebt und damit zugleich ein Stück des bürgerlichen Erbes der Stadt wieder stärker in den Blickpunkt der Öffentlichkeit rückt.

Palmengarten

Botanische Kostbarkeiten

Rundum pulst, stets vage vernehmbar, doch nie aufdringlich, der Verkehr der Großstadt. Sorgsamst gepflegt im Gegensatz zu anderen Grünflächen der Stadt sind Wiesen und Wege, Büsche und Baumgruppen, das französische "Blumenparterre" vor dem Gesellschaftshaus ebenso wie die verschlungenen Pfade rund um Weiher und die zahllosen Treppchen hinauf zum Aussichtspunkt über dem Wasserfall. Bei aller kunstvollen Gestaltung bergen sie stets jenes Maß Natürlichkeit, das einst auch vom Vorbild englischer Landschaftsgärten inspiriert wurde. Und bei jedem Rundgang kommt irgendwo hoch über den Wipfeln oder an einer von exotischen Baumriesen markierten Wegkreuzung ein Hochhaus der Skyline in den Blick.

Ohne die Preußen hätte es vermutlich niemals den Palmengarten gegeben, wie er seit nahezu 130 Jahren als einzigartige Anlage seinesgleichen sucht. Denn nicht von einem Fürsten und auch nicht von einer wohlhabenden Patrizierfamilie allein wurde der seit 1931 städtische Park geschaffen. Der Garten mitten im heutigen Westend, der von Anfang an der Erholung der Bürger und deren reizvoll-sanfter Belehrung über die Vielfalt botanischer Kostbarkeiten gewidmet war, hat seinen Ursprung in einer Notlage und, so ließe sich salopp aus heutiger Sicht sagen, in einer der ersten Bürgerinitiativen Frankfurts. In die Notlage war Herzog Adolph von Nassau geraten, der sich Mitte des vorigen Jahrhunderts in Wiesbaden-Biebrich den damals unter Fürsten durchaus üblichen Traum eines Stücks Exotik fern tropischer Gefilde verwirklicht hatte. In seinem mehr als 300 Morgen großen Park, den Friedrich Ludwig von Sckell, der Schöpfer des Englischen Gartens in München, gestaltet hatte, ließ der Herzog 1847/48 imposante

Pflanzenhäuser aus Eisen und Glas errichten. Doch deren Ruhm und Pracht, die Besucher von weither "zu Lande und zu Wasser" nach Wiesbaden lockten, war nur von kurzer Dauer: Als 1866 das Herzogtum Nassau wie Frankfurt von den Preußen annektiert wurde, war der adlige Herr gezwungen, seine Residenz aufzugeben und die Schätze seiner berühmten "Biebricher Wintergärten" zu verkaufen.

Die Komposition aus der Blütenpracht unter freiem Himmel und der Form exotischer Pflanzengesellschaften in den Gewächshäusern macht die Faszination des Palmengartens aus.

In Heinrich Siesmayer, dem Kunst- und Handelsgärtner aus Bockenheim, der mit der Anlage des heutigen Goldsteinparks den Beginn seiner Karriere begründet hatte, fand der Herzog einen genialen Partner. Mit dem Verkauf der Pflanzensammlungen betraut, sah Siesmayer endlich die Chance, seine langgehegte Idee eines "Südpalasts", eines extravaganten Gesellschaftshauses mit gläsernen Pavillons für tropische Gewächse, zu realisieren.

Ähnliche Einrichtungen gab es zu dieser Zeit schon zum Beispiel in Brüssel und den Londoner Kew Gardens, in Berlin, Stuttgart oder Magdeburg.

Am 6. Mai 1868, der seither als freilich nie gefeierter Geburtstag des Palmengartens gilt, gründete Siesmayer mit Baron Ludwig von Erlanger und Johann B. Pfaff, den Vorsitzenden des Vereins zur Belebung des öffentlichen Verkehrswesens, ein "Comité zur Erwerbung der Biebricher Wintergärten". Siesmayers in Aquarellen dargestellte Pläne fanden rasch auch Gefallen bei den Verantwortlichen der Stadt, die für das Vorhaben nach einem Geländetausch mit der Familie Rothschild sieben Hektar Land an der Bockenheimer Landstraße zur Verfügung stellten, in Erbbaurecht für 99 Jahre. Und Adolph von Nassau überließ ihnen seine pflanzlichen Besitztümer – zum halben Preis von 60.000 rheinischen Gulden.

Alle betuchteren Bürger der Stadt konnten nun die gute Tat, wie wenige Jahre zuvor bei der Gründung des Zoologischen Gartens, unterstützen, indem sie für 250 Gulden eine "Actie" der flugs ins Leben gerufenen "Palmen-Garten-Gesellschaft" erwarben. Das ließen sich viele nicht zweimal per öffentlichem Appell sagen – der Absatz der "Actie" florierte, kaum war sie auf dem Markt, um die "Errichtung eines geselligen Vereinigungspunktes für alle Jahreszeiten" und Attraktion für Fremde zu finanzieren.

Die Statuten der Gesellschaft wurden am 9. Januar 1869 verabschiedet. Und schon damals beschloß man, was bis heute gilt dank der besonderen Palmengarten-Mischung aus mustergültigen Pflanzensammlungen im sternförmigen Tropicarium, leuchtender Blütenpracht und Baumsolitären im Freiland und den beliebten Blumenausstellungen, Konzerten, Lesungen und zahllosen anderen Aktionen wie dem traditionsreichen sommerlichen Rosen- und Lichterfest: "Hauptziele waren Bildung, Erholung und Unterhaltung in einem für damalige Zeiten völlig neuartigen exotischen Ambiente", heißt

Garteninspektor
Ferdinand Heiss, der
den Namen "Palmen-
garten" geprägt
haben soll, richtete
das 1869 begonnene
Palmenhaus ein.
1870 fand hier die
erste Blumenschau
statt.

es lapidar über die Statuten in einem der beiden Büchern, die der langjährige Palmengartendirektor Gustav Schoser über das heute gut 20 Hektar große grüne Reich schrieb.

Die rasche Entwicklung, deren oft kuriose Details, Widrigkeiten, Vor- und Rückschritte Dutzende Buchseiten bei Schoser wie in zahllosen anderen historischen Gartenabhandlungen füllen, mag heutige Stadtväter verblüffen, die so manchen schönen Projekts im Wettlauf mit Zeit und Geld nicht mehr Herr werden. Binnen kurzem entstanden das heute zum Glück denkmalgeschützte, wenngleich wegen Rosts demnächst zu sanierende Palmenhaus nach dem Vorbild der "Galéries des machines" auf der Pariser Weltausstellung von 1867. Kurz drauf wurde ein Saalbau errichtet, dessen Ruinen nach dem verheerenden Brand von 1878 einem Gesellschaftshaus mit "in neugriechischem Style gehaltener Facade" wichen. Die freilich wurde um 1930 im Bauhaus-Stil erneuert und bietet seither einen streng-funktionalen Kontrast zum barocken Blumenkarree davor. Garteninspektor Ferdinand Heiss, der den Namen Palmengarten geprägt haben soll, richtete das schon 1869 begonnene Palmenhaus ein, so daß die erste Blumenschau schon im April 1870 stattfand. Trotz Verzögerungen durch den Deutsch-Französischen Krieg 1870/71, wurde die eigentliche Eröffnung des alsbald als "Lust- und Flaniergarten" beliebten Parks am 16. März 1871 in Anwesenheit des deutschen Kronprinzen Friedrich von Preußen und der Kronprinzessin Victoria von England gefeiert. Wenige Jahre später gab sich sogar Kaiser Wilhelm I. die Ehre und würdigte den Garten der Palmen und Düfte als "Zierde der Stadt". Auch Rosa Luxemburg zählt zur Prominenz, deren lobende Worte in die Garten-Annalen eingingen: Die Sozialdemokratin nannte die Gewächshäuser "traumhaft schön".

In den folgenden Jahren erhielt das repräsentative "Refugium des Sehens und Gesehenwerdens", in dessen Gesellschaftshaus rauschende Feste veranstaltet wurden, einen Weiher für Gondelfahrten und eine Drahtseilbrücke darüber, seine Grotte und seinen Alpengarten mit dem Schweizerhaus. Östlich des Zentralbaus wurden nach und nach ein Goldfischweiher und ein Musik-Tempel, im Westen ein Kinderspielplatz und eine Kunsthalle errichtet. An der Nordgrenze, wo der Garten 1881 großzügig erweitert wurde, entstanden neben neuen Gewächshäusern ein Irrgarten, eine Schießanlage; ein "Hippodrom", das von Linden gesäumt zu Tennis und Criquet, im Winter zum Eislauf einlud. Eine Radrennbahn unter den Linden zollte damaliger Sportbegeisterung Tribut.

Manches aus jener Blütezeit wie Grotte und Wasserfall ist erhalten, vieles wie Schweizerhaus und Hängebrücke fiel fortan den wechselnden Moden zum Opfer, die, neben der jeweiligen Finanzkraft, über die Jahrzehnte hinweg bis vor nicht allzulanger Zeit für mannigfaltige Veränderungen im mehrfach erweiterten "Paradiesgarten" sorgten. Und immer wieder bis in unsere Zeit sorgten einfallsreiche Direktoren für raffinierte technische Neuerungen und Bauwerke, die, wie einst das Palmenhaus, Aufsehen erregten.

In der Notzeit nach dem Ersten Weltkrieg dienten Park und Gewächshäuser zur Versorgung von Krankenhäusern und Lazaretten mit frischem Gemüse. Und zwischen die beiden Kriege — der Zweite Weltkrieg hinterließ auch im Palmengarten einige Zerstörungen — fällt 1931 die Übernahme der Anlage in die Verantwortung der Stadt, die zuvor schon Hauptaktionär der in Finanznöte geratenen Aktiengesellschaft geworden war. Seither wacht die Gesellschaft als Förderverein der "Freunde des Palmengartens" über dessen Wohl und Wehe.

Nach dem Zweiten Weltkrieg galt dort lange Zeit "off limits" für die Bürger der Stadt. Erst im Frühjahr 1948 stand die Grüne Oase, die abermals als Versorgungsgarten gedient hatte, wieder dem Publikum offen, und erst 1953 räumten die Amerikaner ihr nobles Quartier im Gesellschaftshaus, das nun — im wohlgelaunten Stil des "Wir sind wieder wer" — rasch zum Treffpunkt des neuerwachten Gesellschaftslebens wurde. Den wohl größten Umbau seiner Geschichte aber erlebte der Palmengarten zweifellos unter Direktor Schoser, der von 1968 bis 1992 die Geschicke der beschaulichen grünen Insel inmitten der Großstadt bestimmte.

Die vergleichsweise wenigen Jahre einer wohlgefüllten Stadtkasse nutzte er nicht nur für den Bau des berühmt gewordenen Tropicariums, das die vielgestaltige Flora vom Nebelwald bis zur Savanne in schönster exotischer Pracht vorführt. Er wagte sogar die Versetzung des legendären Victoriahauses um 90 Grad. Einst Reich der Wasserpflanzen wie die imposante "Victoria"-Seerose fugiert es heute als Eingangsschauhaus an der Siesmayerstraße. Doch nicht nur ein üppiger neugestalteter Rosengarten oder ein Antarktispavillon, um nur zwei weitere Neuheiten zu nennen, sorgen seither für den Ruhm des "blühenden Juwels" und einzigartigen Arboretums. Die zauberhafte, mehr als 20.000 Arten aus allen Weltenregionen bergende Pflanzenwelt, von deren allein 2000 Gehölzen nur die schillerndsten Namen wie Spottnuß und Davids-Schnurrbaum, Taubenbaum und Orangenkirche, Stinkesche und Guttapercha erwähnt seien, muß jeder Besucher selber erkunden. Der mit wohl 400 Jahren älteste Baum in der von Generationen unbekannt bleibender Gärtner ebenso liebevoll wie kenntnisreich gepflegten Anlage indes stammt gar nicht aus dem Palmengarten: Die schlanke, doch recht kranke Eibe, die versteckt hinter der Gärtnerei in die Höhe ragt, wurde erst 1907 in einer spektakulären, 17 Tage dauernden Prozedur vom Eschenheimer Tor hierher verfrachtet.

Anlagenring

Ein grünes Band der Gartenkunst

Es ist die mit Sicherheit am stärksten frequentierte Anlage, die Frankfurt besitzt. Mit ihren 22 Hektar gehört sie auch zu den größeren Frankfurter Gärten. Hier, mitten in der Innenstadt, finden sich auf einer Länge von 5,2 Kilometern stimmungsvoll angelegte Weiher mit kleinen Inseln und Wasserspielen, reizvolle Brunnen, eine vielgestaltige Botanik mit Bäumen, deren älteste mit 200 Jahren noch auf der Zeit der Gründung zurückgehen. Es gibt auf dem schmalen Grünstreifen architektonische Spielereien wie eine kleine Rosenanlage, einen Bürgergarten mit Säulengang, Leselauben oder den Miniatur-Barockgarten mit Gartenhaus. Es gibt historische Gebäude wie das berühmte Café am Friedberger Platz, einst das erste Museum dieser Stadt, und immer wieder großartige und ständig wechselnde Ausblicke auf Stadtfluchten und Hinterhöfe. Mit mehr als 30 Denk- und Ehrenmälern, die an die Größen der Frankfurter Stadtgeschichte erinnern und Skulpturen auch von renommierten internationalen Künstlern handelt es sich außerdem um eine Kunstmeile, von der die Stadt keine zweite dieses Ausmaßes hat.

Und dennoch — wer kann von sich behaupten, er kenne den Frankfurter Anlagenring. Wer kann sagen, er sei schon einmal bewußt diese 5,2 Kilometer lange Promenade vom Heilig-Geist-Krankenhaus bis zum Theater gegangen und zwar so, wie Spaziergänger gewöhnlich durch einen Garten flanieren: in Ruhe und mit Muße betrachtend, was sich dem Auge darbietet? Wer jetzt — auch als alter Frankfurter — passen muß, steht nicht allein. Werner Breuckmann aus dem Gartenamt kennt viele von Berufswegen mit der Materie befaßten, die erst bei einer Pflichtführung ihr Aha-Erlebnis hatten. Die Wallanlagen sind ein in der Öffent-

Tradition und Moderne reiben sich im Anlagenring, der wie ein Hufeisen die Innenstadt einfaßt und den Blick freigibt auf die Hochhaus-Kulisse, hier mit Japan-Center und Commerzbank.

lichkeit schlechthin verkanntes Kind, das, wenn es überhaupt von sich Reden macht, Schlagzeilen über Drogensüchtige, Rauschgifthändler und Kriminelle produziert.

Wobei man angesichts der Diskussion um die Frankfurter Gefahrenabwehrverordnung verleitet ist zu bemerken, daß dies alles andere als ein aktuelles Thema ist. Es begleitet den Anlagenring, der ja nichts anderes ist als der zu einer Grünanlage umgewandelte ehemalige Festungsring der Handelsstadt, seit den Anfängen. Vandalismus hat schon Stadtgärtner Andreas Weber im 19.

Jahrhundert angeprangert. Im November 1883 schrieb er: "Die Zügellosigkeit der sich in den Promenaden herumtreibenden Bubenhorden kennt keine Grenzen mehr. Selbst die zur Abwehr angebrachten Schutzverordnungen werden mit der raffiniertesten Bosheit so lange angegriffen, bis sie zerstört sind. Ja sogar gegen Bänke, Einfriedungen, Wetterhäuschen und Denkmäler hat sich in letzter Zeit die Zerstörungswut gerichtet." So zeitlos wie die Thematik mutet die Lösung an: 1884 wurden zwei Promenadenhüter eingestellt, Vorläufer heutigen Wachpersonals.

Mit der Demolierung der Festungswerke, die sich wie ein eiserner Ring mit acht Meter hohen Mauern, Türmen, Wassergräben und elf wie Keile herausragende Bastionen um die Stadt schlossen, wurde 1804 begonnen. Ihre militärische Bedeutung hatten die Wälle allerdings schon vorher eingebüßt. Bereits ein Stadtplan von 1781 zeigt Bürger, die in schmalen Alleen auf dem Wall lustwandeln. Dennoch kam städtebaulich das endgültige Aus mittelalterlicher Enge erst mit der Franzosenherrschaft und dem neuen Landesherrn Fürst Carl von Dalberg, unter dessen Regie sich Jacob Guiollett an die Arbeit machte. Guiollett, 1806 als Reisekommissar nach Frankfurt gekommen, später Maire der Stadt, ist einer der Schöpfer von Frankfurts erstem Grüngürtel.

Man kann sich heute nur noch schwer vorstellen, was die Entmilitarisierung für die Menschen bedeutet haben muß. In die Altstadt kam endlich Luft, Licht und eine bisher unbekannte Weite und damit ein neues Lebensgefühl. Von Goethes Mutter ist eine Beschreibung hinterlassen, in der sich der Enthusiasmus ausdrückt. 1808 schreibt sie: "Wenn du einmal wieder herkommen solltest, würdest du die Außenseite deiner Vaterstadt nicht mehr erkennen; um die gantze Stadt von Bockenheim bis zum Allerheiligenthor gibt's einen Park, ein Bosket ..." In einem anderen Brief an ihren Sohn schreibt sie im gleichen Jahr: "Die alten Wälle sind abgetragen, die alten Tore eingerissen, um die ganze Stadt ein Park, man glaubt es sei Feerey – man weiß gar nicht mehr wie es sonst ausgesehen hat – unsere alten Perücken hätten so was bis an den Jüngsten Tag nicht zu wegen gebracht." Der Eindruck behielt lange Gültigkeit. 20 Jahre später schrieb Johanna Schopenhauer, Mutter des Philosophen, nicht weniger begeistert: "Die köstlichen Anlagen endlich dicht vor den Toren umfrieden Frankfurt gleich einem riesengroßen, prächtig blühenden Blumenkranz. In keinem fürstlichen Park können die reinlichen Kieswege, die teppichähnlichen Grasplätze, die netten weiß angestrichenen Gartenbänke besser gehalten werden als hier. Überall bemerkt man das friedliche Walten des Ordnung und Reinlichkeit liebenden Bürgersinns, der diese schöne Anpflanzung schuf und als ein Eigentum schonend beschützt."

Was Frau Schopenhauer beschreibt, hat Frankfurt nicht nur Guiollett zu verdanken, sondern auch Stadtgärtner Sebastian Rinz. Mit 24 Jahren wurde er von Aschaffenburg nach Frankfurt geholt, wo er bis 1861 tätig war. Rinz hat an der Gestaltung der Wallanlage, die durch ein Wallservitut auch rechtlich unter Schutz gestellt wurden, maßgeblich bis zum Ende seiner Zeit und damit fast 60 Jahre lang mitgewirkt.

Es war im übrigen eine vergleichsweise moderne Arbeitsteilung zwischen öffentlicher Hand und privatem Engagement, die sich auf diesem schmalen Streifen vollzog. Denn während Teile des Festungsgürtels für die Öffentlichkeit als Promenade angelegt wurde, nutzen einige vermögende Frankfurter Bürger die Gelegenheit, besonders die städtebaulich interessanten Stücke der ehemaligen Bastionen zu erwerben. Auf diesen dreieickigen Arealen entstanden in den folgenden Jahrzehnten prachtvolle Villen- und Patriziergärten, die zumeist gänzlich im Zweiten Weltkrieg zerstört wurden oder so stark beschädigt, daß heute nur noch Reste erhalten sind - wie etwa vom einstigen Bethmannschen Garten südlich des Friedberger Tores. Simon Moritz von Bethmann kaufte 1807 die Bastionsspitze in unmittelbarer Nachbarschaft

seiner vor dem Thore gelegenen Villa, dem heutigen
Bethmannpark. Der auf dem alten Festungsgelände in
seinem Auftrag angelegte Landschaftsgarten enthielt in
der äußersten Spitze einen Weiher. Mittelpunkt wurde
ein klassizistischer Bau, den von Bethmann 1811 bis
1812 als Museum für seine Sammlung von Abgüssen
antiker Skulpturen auf einen Anhöhe südwestlich des
Weihers bauen ließ. 1865 kauft die Stadt den Garten auf
und erweitert mit ihm die Promenade erheblich. In dem
bethmannschen Museum wurde das Ausflugslokal Kur-
saal Milani eingerichtet, das sich schnell großer Beliebtheit erfreute. Nach dem Krieg, den das Museum
heil überstand, öffnete hier das Tanzcafé Odeon; es gibt
viele Frankfurter, die noch heute die Musik der Kapelle
jener Tage loben. In den Sommermonaten genießt der
Gast auf der Terrasse einen Ausblick, wie ihn Weiland
der Bankier auf seinen Weiher hatte, an dessen Seite bis
1977 übrigens ein berühmter Baum stand, die sogenannte Fellner-Kastanie. An ihr soll sich der letzte Bür-

**Kunst und Kommerz
im Blickkontakt: Das
Schiller-Denkmal mit
Bankentürmen im
Hintergrund.**

125

germeister der freien Stadt Frankfurt, Carl Constantin Fellner, 1866 aus Gram über die preußische Herrschaft erhängt haben; ein Denkmal erinnert heute daran.

Südlich des Bockenheimer Tores, etwa dort, wo heute Beethoven von einem kleinen Hügel zusammen mit der "Sinnenden" und "Rufenden" auf die Deutsche Bank blickt, ersteigerte Lulu von Brentano, eine Schwester von Clemens und Bettina Brentano, das Grundstück, wo sie eine reizvolle, auf zwei Ebenen liegende Anlage bauen ließ, die zum großen Teil als Obst- und Weingarten genutzt wurde. Das Gelände wechselte später in den Besitz der Kaufmannsfamilie Du Fay, die im oberen Teil einen landschaftlich gestalteten Garten anlegen ließ mit einem Gartenhaus im damals so beliebten Schweizer Stil. Das Bastionsgrundstück nördlich des Bockenheimer Tores kauft Jean Andreae-Willemer. Er baut darauf sein Wohnhaus und legt einen Nutzgarten an, mit Wasserlauf und kleinen Tümpeln, die später zu einem größeren Teich mit einer Brücke erweitert werden. Nicht weit davon erwarb der Kaufmann Johann Jacob Nebbien ein kleines schmales Grundstück an der Hochstraße, wo er zwischen 1810 und 1820 ein Gartenhaus anlegen ließ, das sogenannte Nebbiensche Gartenhaus, in dem heute in der Bockenheimer Anlage Ausstellungen stattfinden.

Bis zu Beginn des Zweiten Weltkrieges wächst und gedeiht die Wallanlage. Während Rinz und Guiollett im 19. Jahrhundert mit elf Hektar und einer Breite von etwa 20 Metern anfingen, waren es 1939 schon 18 Hektar, und die durchschnittliche Breite des Grüngürtels lag bei 50 bis 60 Metern. Aber auch schon damals gab es Neubaupläne, denen ein besonders schöner Garten zum Opfer fiel: für das heute so sehr geschätzte Opernhaus, von dem Architekten Richard Lucae als wilhelminischer Repräsentationsbau zwischen 1873 und 1880 errichtet, mußte der idyllische Andreae-Willemer'sche Garten weichen.

Die große Zäsur für die Wallanlage ist der Zweite Weltkrieg. Die verherrenden Bombenangriffe verwüsteten oder zerstörten große Teile der Anlage. Allerdings war zuvor schon durch den Bau zahlreicher Löschwasserteiche großer Schaden angerichtet worden. Etwa jener Du Fayscher Garten, dessen Gelände die Stadt 1908 erworben und in ein Staudenparadies verwandelt hatte, wurde zunächst zum Wasserreservoir, das später wieder verfüllt wurde; Weiher und Tiefgarten ebnete man ein. Das kleine Schweizerhäuschen überlebt den Krieg, wird aber dann 1951 trotz Protests abgerissen. Dort steht heute die Beethoven-Skulptur.

Nach dem Krieg konnte die Stadt durch den Kauf von zahlreichen Privatgärten die Anlage auf über 22 Hektar nochmals erweitern. Aber die Ausnahmegenehmigungen häuften sich besonders im Gebiet der Taunusanlage, wo in verhältnismäßig kurzer Zeit eine Reihe der großen Geschäftsbanken aus den Trümmern neu entstehen. Auf den Wallgrünflächen wird mehr und mehr gebaut: 1956 beispielsweise die Julius-Leber- und die Bethmannschule, im gleichen Jahr das Stadtbad Mitte. In den sechziger Jahren wird der City-Ring angelegt und die U-Bahn gebaut, für die Teilstücke der Anlage gebraucht werden. Allein von 1946 bis 1983 hat die Stadt für 33 Bauvorhaben Ausnahmen vom Wallservitut genehmigt.

Auch in dieser Hinsicht ist der Anlagenring etwas besonderes. Es gibt in Frankfurt viele Gärten, in denen der Riß zwischen Tradition und Moderne augenfällig wird. Aber an keinem anderen Ort ist dies deutlicher zu spüren und zu sehen wie hier, wo Alt und Neu sich aneinander reiben. In jedem Abschnitt findet sich ein Fleck, der den Sieg der Nutzungsansprüche einer modernen Großstadt über die Vergangenheit markiert. Gleichzeitig gibt es eine immense Pflegearbeit des Garten- und Friedhofsamtes, das 1977 mit einer umfassenden Sanierung und Umgestaltung dieser öffentlichen Grünfläche begonnen hat, die bis heute nicht abgeschlossen ist. Beispielsweise wurde der in den fünfziger Jahren am Nebbien'schen Gartenhaus angelegte Garten behutsam renoviert. 1982 wurde in der Eschenheimer

Anlage der Bürgergarten eröffnet, dessen Dreieickform und rahmende alte Sandsteinmauer, Treppenanlage und bis zu drei Meter höher liegende Terrasse einen Eindruck der privaten Wallgärten im 19. Jahrhundert vermitteln. Auch wird mit Kunst im öffentlichen Raum experimentiert, etwa durch die Aufstellung von fünf Objekten einheimischer Künstler in der Eschenheimer Anlage.

Wie der erste kürzlich fertiggestellte Grünabschnitt vor der Europäischen Zentralbank beweist, ist die Erhaltung des Anlagenrings ein dynamischer Prozeß. Von Vollendung kann nie die Rede sein. In dem seit 180 Jahren andauernde Wettstreit um die zeitgemäße Nutzung hat das schmale grüne Band gute Aussichten, sich zu behaupten: es ist als denkmalgeschützt ausgewiesen, der Weiher in der Bockenheimer Anlage, der Bethmannweiher und der Rechneigraben sind als denkmalgeschützte Wasserflächen verzeichnet, Brunnen, Denkmäler, verschiedene Skulpturen und Gebäude (Nebbiensches Gartenhaus, Bethmann-Museum, Portial der ehemaligen Stadtbibliothek) sind als Kulturdenkmäler gelistet. Wallservitut, Bebauungspläne, Naturschutzgesetz und Eintragung in die Denkmaltopographie - ein rechtlicher Festungsgürtel, der deutlich macht, welche Barrieren errichtet werden müssen, damit eine stadtbildprägende Anlage nicht verbaut wird.

Bolongaro-Park

Barocker Mustergarten über dem Main

Fast nirgendwo ist Frankfurt so exotisch wie oberhalb der Main-Fähre in Höchst: Ein Palais mit dem italienischen Namen Bolongaro, umgeben von einem französischen Barockgarten, in dem ein kunstvoll modellierter Neptun Fontänen ausstößt, ein asiatischer Drache Wasser speit und eine steinerne Türkenkapelle zum Tanz aufspielt. Der Bolongaro-Garten, Ende des 18. Jahrhunderts um das Domizil einer prominenten Industriellenfamilie aus Stresa angelegt, bietet eine Melange klassischer Barockelemente mit Stilmitteln ferner Epochen und Kulturen, die bis heute Besucher in ihren Bann schlägt.

Besonders reizvoll ist Frankfurts einzige erhaltene Barockanlage vom Main-Ufer aus. Die harmonische Terrassengliederung und die doppelreihig gepflanzten Linden entlang der Seitenflügel ziehen den Blick auf das imposante Palais. Ähnlich einem verwunschenen Schloß inmitten buschiger Boskets taucht es für vorbeifahrende Schiffe unvermutet am Ufer auf.

Da sämtliche Pläne des Bolongaro-Gartens unter unbekannten Umständen 1890 vernichtet wurden, bleiben viele Facetten der Geschichte eines der kleinsten Parks in Frankfurt schemenhaft. Fast scheint es, als sei die wechselvolle Historie der Anlage angesichts der turbulenten Geschichte der Familie, deren Namen sie bis heute trägt, in den Hintergrund gerückt. Auch spielte die gärtnerische Gestaltung des Grundstücks Ende des 18. Jahrunderts nach bisherigen Erkenntnissen nur eine nebengeordnete Rolle. Zwar sollte der Park das Prunkhafte des neugebauten Palais' unterstreichen, auf keinen Fall aber die Sicht auf das Gebäude verstellen.

Wie nämlich die adligen Schnupftabak-Fabrikanten und Brüder Jakob Philipp und Joseph Maria Markus Bolongaro beim Kauf des Grundstücks mit ihrem neuen

Der Bau der Gebrü-
der Bolongaro
erinnert an ein italie-
nisches Palais.
Besonders reizvoll ist
Frankfurts einzig er-
haltene Barockanla-
lage vom Ufer des
Mains aus.

Landesherren, dem Mainzer Kurfürsten Emmerich Joseph von Breidbach-Bürresheim, vereinbart hatten, sollte der Rokoko-Bau mit Gartenseite zum Main als Grundstein einer neuen Stadt dienen. Nachdem die Stadt
Frankfurt den italienischen Brüdern jahrzehntelang die
Bürgerrechte verweigert hatte, erwarteten sie diese Privi-
legien nun in Höchst durch den Kurfürsten. Dieser wiederum hoffte, mit dem Musterschloß samt Mustergarten auch andere, Abgaben zahlende Neubürger in die
Emmerichstadt östlich der Höchster Altstadt zu locken.

Deshalb wurde erwartungsgemäß auch die Gartenpla-
nung der skizzierten Neugründung angepaßt. Wie ein
Stich aus dem Jahr 1820 zeigt, durften beispielsweise die
auf der oberen Terrasse gepflanzten Bäume nur bis zum
ersten Stockwerk des Palastes reichen, um potentiellen
Siedlern den Blick auf den Bau nicht zu versperren. Der
Garten wurde vermutlich erst nach der Fertigstellung des
Palais 1775 angelegt. Zu der Zeit war Kurfürst Emmerich

bereits ein Jahr tot und sein Neustadt-Projekt geriet langsam in Vergessenheit.

Der Barockgarten wurde dank der geschäftlichen Erfolge der Bolongaros trotzdem aufwendig gestaltet. Die Familie hatte es mit Tabakgeschäften in Antwerpen und in der Frankfurter Töngesgasse zu solchem Wohlstand gebracht, daß sie mehr als zwei Millionen Gulden in ihr Zuhause am Main investierte. Die Fülle der exotischen Statuen und Figuren bildet geradezu einen Gegensatz zu der strengen Symmetrie der Pflanzungen des Gartenkunstwerks. Eine fast quadratische Form macht die Grünanlage zu einem untypischen Beispiel barocker Gartenkunst.

Um das Jahr 1777 legte der Koblenzer Baudirektor Nepomuk Lauxen mit den zwei, durch Treppen verbundenen Terrassen die Struktur der Anlage fest. Die beiden großzügig geschwungenen Aufgänge, die die Grotte mit dem Drachenbrunnen umfassen, stehen bis heute; von der ursprünglichen Figurengruppe ist jedoch nur noch der Drache erhalten. Die Balustrade zwischen den Terrassen ziert eine sandsteinerne Türkenkapelle. Von welchem Bildhauer die etwa ein Meter hohen Musikanten geschaffen wurden, ist nach Angaben von Wolfgang Metternich, Historiker bei der Höchst AG, ebenso ungeklärt wie die Herkunft der übrigen Figuren. Mit großer Sicherheit stammen sie laut Metternich von einem der Mainzer Hofbildhauer.

Herzstück des nur 60 Meter breiten Gartens ist der von Rasenstücken umgebene Neptunbrunnen auf der oberen Terrasse. Da das Wasserspiel auf historischen Ansichten des 18. Jahrhunderts fehlt, gehen Kunsthistoriker davon aus, daß es nachträglich errichtet wurde. Auch die farbenfrohe Blumenpracht, die Besucher des Bolongaro-Gartens am Brunnen erwartet, ist Werner Breuckmann vom Garten- und Friedhofsamt zufolge nicht authentisch. Die mehr als 100 Jahre alten Linden vor den Seitenflügeln reichen nach vielen Jahrzehnten ungehemmten Wuchses weit über das erste Stockwerk hinaus und entsprechen nicht mehr den alten Stichen. Die für das Barock charakteristische Sichtachse zwischen Bolongaro-Palast und Main ist zudem durch eine Taxushecke, die wahrscheinlich nachträglich als Sichtschutz gepflanzt wurde, und überwucherte Boskette weiter verengt worden. So ist das lichte, offene Ambiente der ursprünglichen Anlage nur noch zu ahnen.

Fast asketisch wirkt im Vergleich dazu die untere Terrasse, deren Rasen – wie im Barock üblich – von niedrigem Buchs eingefaßt ist. Ein breiter, mit Steinplatten befestigter Weg führt zum Drachenbrunnen. Nur einen Kirschbaum und eine Magnolie hat Breuckmann bei der Restaurierung der verwilderten Terrasse vor zwei Jahren stehen lassen. Entlang der Balustrade aus Basalt und Sandstein wurden weiße Bänke aufgestellt. An sonnigen Tagen drängen sich hier Besucher, um die romatischen Schattenspiele im Bolongaro-Garten zu genießen. Auch als Kulisse unzähliger Hochzeitsfotos dient die barocke Anlage seit Jahrzehnten, denn das Höchster Standesamt befindet sich im westlichen Pavillon des Palais.

Den Brüdern Bolongaro dagegen blieb nur wenig Zeit, um sich an ihrem Domizil zu erfreuen. Joseph Maria Markus starb fünf Jahre nach Fertigstellung des Palais, Jakob Philipp überlebte ihn nur um ein Jahr. Daß einer der Brüder das vollendete Gartendenkmal gesehen hat, ist fraglich. Auch Jakob Philipps Tochter und Erbin Antonia Maria blieb in Höchst nur wenig Zeit vergönnt. Sie starb 1784 im Bolongaro-Palast und wurde an der Seite ihres Onkels Joseph Maria Markus in der Justinuskirche beigesetzt. Als im folgenden Jahr der Hauptsitz der Bolongaros wieder nach Frankfurt verlegt wurde, begann der Verfall von Gebäuden und Garten. Der schloßartige Rokoko-Bau wurde in Wohnungen aufgeteilt und der Garten ohne Rücksicht auf die sorgsam angelegten Rasenstücke, Blumenornamente und Kieswege parzelliert.

Bevor die Familie das Anwesen 1821 zum Verkauf ausschrieb, beherbergte sie dort zwei prominente Gäste.

Anfang November 1813 übernachtete Napoleon I. auf der Flucht nach der Schlacht bei Leipzig im Bolongaro-Palast; einige Tage später traf Feldmarschall Blücher in Höchst ein und bezog für sechs Wochen dieselben Räume, um den Rheinübergang bei Kaub zu planen. Die Einquartierungen und die spätere Nutzung als Fabrikgelände ließen das Palais und die einst malerische Grünanlage vollends verkommen.

Wasserspiele waren schon im Barock unerläßlich.
Die Neptun-Figur eines unbekannten Künstlers bildet das Herzstück der oberen Terrasse

Als die Stadt Höchst das Anwesen 1909 zu ihrem Rathaus machte, wurde der Bolongaro-Garten mit Hilfe des Stiches von 1820 restauriert. Die Reste der stark beschädigten Figuren kamen in das Höchster Museum, an ihre Stelle rückten aufwendig gearbeitete Kopien. Nur einer von zwei Löwen thront weiterhin als Original auf der unteren Balustrade. Die Kieswege rund um den Neptunbrunnen wurden nach Plänen Jakob Klomanns neu angelegt, ebenso der ovale Pfad entlang der Gehölzgruppen im äußeren Teil.

Die gravierendsten Eingriffe erlebte der Garten jedoch in den fünfziger und sechziger Jahren, als entgegen der barocken Grundidee Rasenflächen zerschnitten und Plattenwege gelegt wurden. Von dem pragmatischen Umgang mit dem historischen Gartenkunstwerk in jenen Jahren zeugen auch die Parkplätze vor dem östlichen Flügel und ein Schachspielfeld auf der gegenüberliegenden Seite.

Eine Rückbesinnung auf seine historische Gestalt erlebte der Bolongaro-Garten vor fast 20 Jahren. Als Leitfaden zur Restaurierung wurde 1984 ein Parkpflegewerk verfaßt. Nach Angaben Breuckmanns mußten bis 1990 fast 800.000 Mark investiert werden, um den Verfall zu stoppen. Mit viel persönlichem Engagement ist es ihm mit Mitarbeitern des Gartenamts gelungen, auch in den finanzschwachen Neunzigern Rasenstück um Rasenstück, Blumenbeet um Blumenbeet die einstige barocke Symmetrie in der Wüstenei freizulegen. Allein die den Blick auf den Main versperrenden Robinien und Hecken wünscht sich Breuckmann noch fort: Dann ist Frankfurts letzter Barockgarten wieder komplett.

Nizza

Ein Hauch von mediterranem Flair

Vor allem im Frühjahr, aber auch an herbstlichen Son-
nentagen löst das "Nizza" ein, was sein Name verspricht:
Wer hier in voller Südlage am nördlichen Mainufer spa-
zierengeht oder sich auf einer der Bänke längs der statt-
lichen Platanenallee niederläßt, mag nicht nur der wär-
menden Sonnenstrahlen wegen an mediterrane Gefilde
erinnert sein. Denn das Fernweh weckt und stillt zugleich eine üppige Fülle exotischer Bäume und Blüten-
gehölze, die von Feigen-, Lorbeer- und Zitronen- bis hin
zu Trompeten-, Judasblatt- und Amberbaum, Yulan-
Magnolien und asiatischem Zierobst sowie zwei vermutlich einmaligen, da uralten reichverzweigten Parrotien,
persischen Eisenholzbäumen, reicht.

Frankfurts Südseite
mit dem Dom im
Hintergrund. Die
historische Parkan-
lage mit Namen
Nizza war als die
Côte d'Azur für Arme
gedacht.

Auf der im Frühjahr von blauen Scilla-Flecken, den üppigblühenden Blausternen, übersäten Wiese, die sich unterhalb der Untermainbrücke gen Westen erstreckt, ragen zwei mächtige Blauzedern, ein riesiger, von einem dichten Efeumantel umhüllter "Ginkgo biloba" und mehrere Mammutbäume, Sequoien, wohl zehn bis 20 Meter in die Höhe. Dadurch vermittelt die bizarre Silhouette ihrer Baumkronen sogar den Autofahrern oben auf der Brücke beim raschen Blick mainabwärts einen Hauch von südlichem Ambiente.

Die Bezeichnung "Nizza" für die historische Parkanlage zwischen Rollschuhbahn im Westen und Deutscher Lebensrettungsgesellschaft im Osten ist laut städtischem Gartenamt nicht aus den klimatischen Besonderheiten abgeleitet, die auf dem Tiefkai im Schutz der Befestigungsmauer aus rotem Mainsandstein zum höher gelegenen Untermainkai durchaus auch für empfindliche Gewächse wie einen bezaubernden grüngrau gebänderten "Schlangenhautahorn" aus Japan geeignet sind. Vielmehr soll der Name sich der Tatsache verdanken, daß im vorigen Jahrhundert Reisen in wärmere Regionen wie die berühmten Badeorte an der Côte d'Azur nur einer Minderheit vorbehalten waren, die Sehnsucht danach aber durch Berichte und Romane wohlverbreitet war und man sich am sonnigen Mainufer sozusagen einen kleinen Ersatz fand. Dank der vielen seit dem vorigen Jahrhundert dort gepflanzten Bäume und Büsche, darunter fremdartige Pflanzen, die Sammler und Naturliebhaber aus fernen Weltregionen mitbrachten, entwickkelte sich dort eine überaus attraktive Flora.

Doch nicht nur gärtnerisch — aufgrund der Sparmaßnahmen der Stadt auch bei der Bepflanzung öffentlicher Grünanlagen sowie der Auflösung der Stadtgärtnerei — hat das gut 4,5 Hektar große "Nizza" in den vergangenen Jahren viel von seinem früheren Ruf eingebüßt, sondern auch wegen der Drogensüchtigen und Obdachlosen, die das Areal nicht nur des Nachts bevölkern. Vor allem ein Mord an einem Obdachlosen vor einigen

Jahren läßt viele Frankfurter noch heute einen großen Bogen um das artenreiche Gartendenkmal machen, obwohl die Drogenszene auch hier ein Stück weit zurückgedrängt und viele dunkle Ecken in der üppigen Vegetation beseitigt wurden, wie Werner Breuckmann, Abteilungsleiter im Garten- und Friedhofsamt, berichtet.

Breuckmann erinnert an die früher übliche Wechselbepflanzung mit Tausenden von Blumen, die das "Nizza" vom Frühling bis zum Spätherbst immer neu attraktiv machten. Einen Lichtblick verheißen in dieser Situation nicht nur für den Gartenfachmann, sondern auch viele Bürger und "Nizza"-Liebhaber die Pläne für ein "Grand Café" oder zumindest ein neues Restaurant mit großer Terrasse bis hin zur Platanenallee anstelle des derzeitigen maroden Restaurantpavillons über der großen Doppeltreppe, wo einstmals gläserne Pavillons standen. Schon der improvisierte "Sommergarten" im "Nizza" im August 1997 brachte ein neues und begeistertes Publikum in den einst so reizvoll angelegten schmalen Parkstreifen unweit des brausenden Verkehrs auf dem Untermainkai. Denn weder die Ergebnisse eines vor zehn Jahren ausgeschriebenen Wettbewerbs zum gesamten Mainufer noch das seit 1989 vorliegende detaillierte Parkpflegewerk für das "Nizza" seien je umgesetzt worden, moniert Breuckmann, der für Unterhalt und Pflege der Frankfurter Grünanlagen ebensowenig Spielraum wie Geld und Personal zur Verfügung hat.

Fern liegen jene Zeiten, da sich hier die feine Gesellschaft auf einer nicht mehr existierenden Lindenallee längs des Ufers zum "Kleinen Main" zur Promenade einfand und in der "Mainlust" rauschende Feste gefeiert wurden. Viel früher noch hatte die von der später danach benannten Mainluststraße bis zum Leonhardstor reichende Insel, die der "Kleine Main" vom Ufer trennte, mit einer Bastion an der flußabwärts gelegenen Spitze der Stadtbefestigung gedient, die sich von den Wallanlagen bis zum Tiefkai des ehemaligen Floßhafens fortsetzte. In einem Mühlenwerk wurde hier am Nebenarm

Eine Äquatorialson-
nenuhr aus der
Lehrlingswerkstatt
der VDM-Werke.
Sollten die Pläne für
ein neues Ausflugs-
lokal mit Garten-
terrasse wahr wer-
den, müßte das oft
als funktionslos er-
achtete Kunstwerk
weichen.

des Flusses, der auch Winterhafen war, die Wasserkraft
genutzt.

Nach der Entfestigung der Stadt, als von 1806 an
unter Carl von Dalberg die Stadtmauern auf Befehl
Napoleons geschleift wurden, funktionierte man die nun
durch eine Holzbrücke mit dem Ufer verbundene Insel
mit ihrem Auenwäldchen zum Erholungsort um. Damals wurde dort auch die berühmte "Kleeblattsche
Schwimmanstalt" angelegt, die als Urform aller späteren
Bade- und Sportanlagen gilt. Und am Mainkai erwarb
der Gastwirt J.-G. Ried ein am Ufer in einem Park gelegenes stattliches Anwesen der Familie Guaita, wie es im
Parkpflegewerk heißt, und eröffnete darin 1832 das elegante Restaurant "Zur Mainlust" mit Arkadengang und
einer bis zu den Untermainanlagen reichenden Lindenallee. Aufgrund des Erfolgs wurde der Gastronomie-
betrieb 1841 noch einmal erweitert. Ein Ende bereitete
dem gesellschaftlichen Treiben, von dem heute alle Spu-

ren getilgt sind, der Verkehr, und zwar der Beschluß, die beiden Frankfurter Kopfbahnhöfe, den heutigen Ost- und den Hauptbahnhof, miteinander zu verbinden. Der "Kleine Main" wurde 1857 zugeschüttet, die "Mainlust" diente einige Jahre später als Cholera-Hospital.

Als Grünanlage entworfen wurde das "Nizza" etwa 1860 von Stadtgärtner Sebastian Rinz. Die Bauarbeiten jedoch leitete Gartenbaudirektor Andreas Weber, an den ein bronzenes Bildnisrelief in der Mauer unweit des Holbeinstegs erinnert. Kaum beendet, soll das imposante Gartenwerk 1875 von einem verheerenden Hochwasser zerstört, jedoch unverzüglich neu angelegt und bis zur Wiesenhüttenstraße erweitert worden sein. Nochmals erweitert wurde der Park, dessen dominierendes Element bis heute die Platanenallee mit ihren gut 130 Bäumen ist, 1932 bis zum Fahrtor, 1952 bis über die Friedensbrücke hinaus mainaufwärts und zur Kaimauer. Als Erholungsgebiet inmitten der Großstadt am Flußufer bildet die Anlage seither zusammen mit dem sogenannten Kleinen Nizza, das 1931 zwischen Obermainbrücke und Alter Brücke unter Gartenbaudirektor Bromme angelegt wurde, den hufeisenförmigen Ring der Wallanlagen.

Während der Besucher im "Nizza" außer einer Kaiser-Wilhelm- und einer Bismarck-Eiche auch eine eindrucksvolle Äquatorialsonnenuhr und zwei bronzene Eber-Figuren von Paul Kratz entdeckt, bleibt ihm bis heute verborgen, daß sich hier vor gut 100 Jahren schon einmal ein denkwürdiges Delikt ereignete. Bei einer Messerstecherei im September 1886 wurde ein Gärtnerbursche lebensgefährlich am Herz verletzt. Zum berühmten Lebensretter des jungen Mannes wurde der Arzt Ludwig Rehn, dem hier die erste Operation am offenen Herzen gelang.

Goldsteinpark

Wasser ist sein historisches Element

Das größte Übel ist für Karl Leißner der Wassermangel. "Sehen Sie", sagt er mit ausgestreckter Hand, "das Bachbett ist trocken, und an den Wipfeln kann man erkennen, wie die Bäume leiden." Leißner, Vorsitzender des Vereins für Kultur und Natur in Goldstein, ist mit seinen Mitstreitern so etwas wie Parkwächter und Mäzen in einem. Die Mitglieder haben sich zusammengefunden, um den Goldsteinpark zu pflegen, und das tun sie nun schon seit Jahren, mit Ausdauer und Erfolg. Die Dresdner Studentin der Landschaftsarchitektur, Kathrin Weiß, etwa, die ein Pflegewerk für den Park erarbeitet hat, bescheinigt der Anlage einen "sehr gepflegten Zustand". Nur für ausreichend Wasser konnte der Verein bisher nicht sorgen.

Leißner mag es wenig trösten, daß es mit dem Wasser auf diesem Areal schon immer Schwierigkeiten gab, wenn auch unter anderen Vorzeichen: Das befestigte Schloß der Familie Goldstein, das im 13. Jahrhundert hier stand, soll eine Wasserburg gewesen sein, mit Weiher, doppelten Gräben und kleinem "Wäldchen". Fruchtbares Ackerland gab es erst, als nach 1609 das sumpfige Gelände um das Hofgut Goldstein, das der Burg folgte, systematisch entwässert wurde. Feucht blieb es trotzdem. Als 1914 die Mitglieder eines Golfclubs im mittlerweile angelegten Park ihrem Hobby nachgehen wollten, durften sie im Wasser putten.

Wasser ist also ein historisches Goldsteiner Element. Daß es einst auch wichtiges Gestaltungselement für den Park war, wissen ältere Bürger des Stadtteils noch aus eigener Anschauung. Vor 30 Jahren kam so mancher Junge von der Schule mit nassen Hosen heim, weil er in den Schwarzbach gefallen war — oder mit zerrissenen, weil er die Schwäne in einem Weiher geärgert hatte. Der

Weiher ist heute kaum noch zu erkennen, und das frühere Bett des Schwarzbachs und des Mühlengrabens ist trocken und zum Teil mit Robinien und wildem Spitzahorn zugewachsen. Über die Ursachen gibt es viele Theorien, von der Grundwasserabsenkung bis zum Autobahnbau.

Dennoch kann sich der Goldsteinpark mit der Park-Prominenz in Frankfurt messen; der frühere Gartenamtsleiter Frank Blecken zählte ihn zu den bedeutenden Gartenkunstwerken des 19. Jahrhunderts. Das liegt zu einem guten Teil an seinem berühmten Schöpfer Franz Heinrich Siesmayer. Der Goldsteinpark ist sein "Gesellenstück" und Auftakt zu einer steilen Karriere, die mit der Verleihung des Titels Königlicher Gartenbaudirektor ihren Höhepunkt erreichte. Zugleich markiert der Auftrag, die 50 Morgen umfassende Anlage zu gestalten, die wirtschaftliche Wende für den damals in finanzielle Schwierigkeiten geratenen Siesmayer.

Er war etwa 27 Jahre alt, als Gräfin Reichenbach-Lessonitz ihn mit dem Geschäft beauftragte. Die Gräfin, zweite Frau des Kurfürsten Wilhelm II. von Hessen, hatte den Hof Goldstein, den Wiesenhof mit dem "Wiesenwäldchen" und etwa 600 Morgen Fläche im Jahr 1840 erworben. Siesmayer war zu jener Zeit ein unbekannter Mann. Als Sohn des Kunstgärtners Jakob Philipp Siesmayer bei Mainz hatte er als mitteloser Lehrling zunächst in der Kunst- und Handelsgärtnerei von Sebastian und Jakob Rinz gelernt, sechs weitere Jahre dort als Gehilfe gearbeitet und sich 1840 selbständig gemacht. Drei Jahre später gründete er mit seinem Bruder Nikolaus die Firma Gebrüder Siesmayer, die zunächst ein rein handelsgärtnerischer Betrieb blieb. Erst die Gestaltung des Goldsteinparks brachte den Durchbruch. Zahlreiche Aufträge folgten, darunter die Anlage des Bad Nauheimer Kurparks. Am bekanntesten aber wurde Siesmayer durch den Palmengarten, 1869 bis 1871 angelegt. Er trug ihm den Direktoren-Titel ein.

Wie hat der junge Gartenarchitekt Siesmayer sein Frühwerk konzipiert? Niemand weiß es genau. Bisher wurden keinerlei Aufzeichnungen oder Pläne gefunden, die eine exakte Rekonstruktion erlaubten. Aber Siesmayer war ein Kind seiner Zeit, deren Gartenkunst ganz unter dem Einfluß des Fürsten Pückler-Muskau und Peter Joseph Lennés stand, die nach englischen Vorbildern Landschaftsgärten schufen. Und er gilt "als Meister seines Fachs, dessen Schöpfungen ebenbürtig mit den Werken eines Sckell und Lenné genannt zu werden verdienen".

Wer durch den Goldsteinpark schlendert und den Bad Nauheimer Kurpark in Erinnerung hat, erkennt ohne Schwierigkeiten den landschaftsgärtnerischen Charakter, der sich über das Jahrhundert hinweg erhalten hat: Es ist eine auf die malerisch schöne Wirkung berechnete, großzügige Komposition einzelner Pflanzungspartien, gewaltiger Bäume und Baumgruppen zum idealisierten Naturbild, dem man die Eingriffe des Menschen nicht ansehen soll und dessen Weite und stille Harmonie sich dem heutigen Besucher am stärksten von der Terrasse des Bürgerhauses aus erschließt.

Dieser Blickpunkt ist auch historisch der richtige, denn das Bürgerhaus, 1957 erbaut, 1989 erneuert, steht an jener Stelle, an der nach einem Lageplan von 1810 das "Mandelhaus" stand, das eigentliche Herrenhaus des Hofguts. (Was in Goldstein heute oft als Herrenhaus bezeichnet wird, ist das Gebäude des früheren Gutsverwalters, leider der einzige bauliche Rest, der vom ehemaligen Hofgut übrigblieb.) Hier war der Eintrittspunkt in den Park, von hier aus hat sich wohl das Wegesystem entwickelt. Der Besucher wurde, begleitet von wechselnden Ausblicken und Ruhepunkten, durch den Park geführt, um wieder zu seinem Ausgangspunkt zurückgelenkt zu werden. Im Gegensatz jedoch zu vielen Landschaftsgärten, in denen die Anlage auf das Herrenhaus ausgerichtet war, hat es in Goldstein eine solche Achse vermutlich nicht gegeben. Dafür spricht der Umstand,

daß einst der Bach zwischen dem Hofgut und der Parkanlage verlief.

Der Goldsteinpark hat im Laufe von 150 Jahren eine
Reihe teils einschneidender Veränderungen erfahren. So
hat Weiß herausgefunden, daß das Wegesystem mehr-
mals neu angelegt wurde. Der gravierendste Einschnitt
aber geschah in den dreißiger Jahren mit einem für die
Zeit großen städtischen Siedlungsprojekt. Bis dahin lag
der Park wie ein grünes Eiland zwischen Wiesen und

Siesmayers Erstlings-
werk: der Goldstein-
park liegt inmitten
des gleichnamigen
Stadtteils.

Äckern. Mit dem Bau Hunderter kleiner Siedlungshäuser
auf der grünen Wiese wurde er eingerahmt: Der Goldsteinpark, bisher einem einsamen Gutshof vorgelagert,
wurde innerhalb einiger Jahre zum Mittelpunkt und
Volkspark eines neuen Stadtteils.

Dieser Funktionswandel ging mit Flächenverlusten
einher. So wurde für die Siedler am Parkrand ein Lehr-
garten für Gemüse, Kräuter und Zierpflanzen angelegt,
der erst 1960 wieder beseitigt wurde. 1938 wurde davor
die katholische Kirche errichtet. Die evangelische Kirche
auf der gegenüberliegenden Seite sollte zunächst mitten
im Park gebaut werden, ein Plan, der glücklicherweise
nicht ausgeführt wurde. Das Hofgut wurde 1975 bis auf
ein Gebäude abgerissen, an der Stelle ein fünfstöckiges
Altenwohnheim errichtet.

Unberührt blieb der Eiskeller, die Vorform des Kühl-schranks. Die Erhöhung nahe des Spielplatzes an der Schule, auf der fast alle Goldsteiner Kinder das Rodeln lernen, diente einst den Hofgutbesitzern zur Lagerung von Eis, das vom Main hierher transportiert wurde. Der oberirdische Zugang ist schon lange verschüttet, aber nach einem alten, nie bestätigten Goldsteiner Gerücht gibt es noch einen unterirdischen Zugang vom Bürger-haus.

Die Devise des Parkpflegewerks von Kathrin Weiß lau-tet Bewahren und Schützen, und das gilt vor allem für den vorderen, zum Bürgerhaus gelegenen Abschnitt und für die mehr als 600 Bäume, darunter alte Buchen, Lin-den und Eichen sowie seltene Exemplare wie Geweih-, Blauglocken- und Amberbaum. Richtung Schule werden in nächster Zeit vom Gartenamt einige kranke Stämme entnommen. Neuanpflanzungen in diesem Teil sollen den Eindruck eines kleinen Wäldchens vermitteln, viel-leicht eine Art Reminiszenz an das Wiesenwäldchen von einst. Pläne des Goldsteiner Kulturvereins gibt es auch für einen Brunnen, dessen Vorgänger vor Jahren abmon-tiert wurde und seitdem auf dem Schulhof zwischenge-lagert wird. Schließlich wird der Wirtschaftshof der Stadt in absehbarer Zeit aufgelöst und das Gelände dem Park wieder zugeschlagen.

Das größte Anliegen der Goldsteiner aber, die Wasser-versorgung, ist nach wie vor ungelöst. Die Ideen, dem Schwarzbach Wasser zuzuführen, reichen vom Bau eines Brunnens bis zur Notversorgung durch die Niederräder Kläranlage. Leißner und seine Männer streiten in dieser Frage ganz im alten Goldsteiner Siedlergeist, der sich auch vom Amtsschimmel nicht beeindrucken läßt. So ist es immerhin schon gelungen, den Goldsteinpark gegen die Argumente der Denkmalschützer unter Denkmal-schutz zu stellen. Das nährt die Hoffnung, daß man sich um seine Zukunft nicht sorgen muß.

Lohrberg

Wein- und Obstberg mit Fernsicht

Wer jemals auf der Anhöhe hinter Seckbach gewesen ist, erkennt auf alten Plänen und Fotos sogleich den Park auf dem Lohrberg. Seit 1927, als er in seiner jetzigen Form angelegt wurde, hat sich nur wenig verändert. Die charakteristische Allee, die den Besucher von den Parkplätzen am Berger Weg, vorbei an Kleingärten und den beiden großen Spielwiesen zum Kastanien umstandenen Rondell führt, gab es schon damals. Nur vom Aussichtspunkt aus, wo der Besucher über Gewerbegebiete hinweg bis nach Offenbach schaut und — meist erst nach einer kurzen Orientierung — rechter Hand die Skyline Frankfurts entdeckt, zeigen sich einige Veränderungen.

Wäre alles nach den Plänen der früheren Frankfurter Gartenbaudirektoren Carl Heicke und Max Bromme gegangen, die die Gärten der Stadt in der ersten Hälfte dieses Jahrhunderts prägten, könnte der Besucher von heute just an dieser Stelle auf der großen Terrasse einer Gaststätte Platz nehmen und den Weitblick genießen. Doch schon damals verhinderten der Mangel an Geld und der Widerspruch der Konkurrenten die Umsetzung guter Ideen. Auf ihren Schoppen, wenn auch ohne Aussicht, müssen Ausflügler dank der Hartnäckigkeit der Stadtverordneten Anfang des Jahrhunderts aber nicht verzichten: Oberhalb der großen Wiese am Hang lädt die "Lohrbergschänke" zum Einkehren ein. Schon Mitte des 19. Jahrhunderts stand das Häuschen hier, das in den zwanziger Jahren zunächst dem Parkaufseher Quartier bot und seit 1933 eine Gaststätte beherbergt. Zusammen mit dem dahinter liegenden Häuschen, das früher dem Pfleger des Weinbergs und heute dem Leiter des Beratungsgartens als Heimstatt dient, ist es das einzige feste Bauwerk hier oben.

Das Gelände oberhalb des Gewerbegebiets Borsigallee liegt auf Seckbacher Gemarkung und wurde erst 1900 der Stadt Frankfurt zugeschlagen. Der Lohrberg, dessen Name Historiker und Sprachforscher vermuten läßt, daß er einst "leer" beziehungsweise unbewaldet war, diente damals noch dem Wein- und Obstanbau. Bevor die sich immer weiter ausbreitende Stadt auch diese Areale verschlingen konnte, entstand der Plan für einen Volkspark. Wie bei anderen städtischen Grünflächen auch ist die

1927 angelegt, zählt
der Lohrberg zu den
jüngeren Parkanla-
gen Frankfurts. Mit
180 Metern über
dem Meeresspiegel
ist er der höchste
Ort der Stadt. Der
Volkspark macht sei-
nem Namen Ehre.
Obwohl schlecht an
öffentliche Verkehrs-
mittel angebunden,
kommen die
Menschen im
Sommer in Scharen.

Initiative Oberbürgermeister Franz Adickes zu verdanken. Die Stadtverordneten wollten mit dieser Anlage den
Großstädtern nicht nur weiteren Erholungsraum bieten,
sondern auch die einmalige Aussicht erhalten.

Der mit 180 Metern über dem Meeresspiegel höchste
Flecken Frankfurts wurde schon 1905 verplant. Gartenbaudirektor Carl Heicke, der für die Stadt von 1902 bis
1912 tätig war, skizzierte den Park mit einer von Bäumen
umgebenen Spielwiese, weiteren Wiesen am Hang, und

ebenjener nie realisierten Gaststätte oberhalb eines kleinen Weinberges. 19 Hektar sollte die Anlage umfassen und zusammen mit einem 18 Hektar großen Park unterhalb des Hanges im Nordosten der Stadt entstehen. Der Erwerb der Grundstücke zog sich jedoch länger hin als geplant. Und so konnte 1911 nur der Huthpark in Seckbach vollendet werden.

Nachfolger Brommer feilte weiter an der Gestaltung. Er plante zwei Achsen durch den Park, eine von der Zufahrt zum Hang, die andere als Höhen- und Aussichtsweg. Der Erste Weltkrieg unterbrach abermals die

Umsetzung. Erst 1919 wurde schließlich mit der Anlage begonnen. Neu hinzugekommen war – nach den Notzeiten im Krieg – die Idee für Kleingärten am Eingang der Anlage, die auch sogleich umgesetzt wurde. Auf dem Lohrberg entstand damit die erste Dauerkleingartenkolonie in Frankfurt. Zunächst organisierten sich die Pächter als "Obst- und Gartenbaugenossenschaft GmbH", heute nennt sich der Verein mit inzwischen 80 Mitgliedern schlicht "Kleingärtnerverein Lohrberg e.V.".

Ebenfalls in einer Nachkriegszeit entstand später die Idee, auf einem Gelände östlich des Parks einen Versuchsgarten anzulegen. Der Nachfolger Brommes, Friedrich Heyer, wollte 1946 damit den Obstanbau stärken.

Die ersten Bäume der kleinen Plantage wurden 1948 gepflanzt. Die Versuchsanlage firmiert heute als "Beratungsgarten Lohrberg" und wird vom Umlandverband unterhalten. Jährlich wird sie von Tausenden von Kleingärtnern aufgesucht, die hier Rat für die Pflege kranker Pflanzen erhalten.

Nach dem Ersten Weltkrieg aber war die Anlage des Volksparks wegen Geldmangels weiter verschleppt worden. Erst 1927 wurde schließlich auf dem Lohrberg umgegraben und gepflanzt. Bromme verzichtete auf den Bau der großen Gaststätte, stattdessen plante er einen

Kinderspielplatz oberhalb des Weinbergs. Das rechteckige Areal mit Planschbecken, Sandspielplatz und Spielgeräten besteht heute noch und steht — ebenso wie der gesamte Park — unter Denkmalschutz.

Nicht weiter verfolgt hatte der Gartenbaudirektor auch den Plan der strengen Querachse. Stattdessen orientierte er sich an der Topographie des Geländes und schuf einen Rosenhang mit geschwungenen Wegen. Von den zahlreichen Rosenarten, deren Blüte die Frankfurter anzog, sind nach dem Zweiten Weltkrieg jedoch nur wenige übriggeblieben.

Wegen der finanziellen Schwierigkeiten bei der Umsetzung machte Bromme etliche Abstriche: Eine "bodenständige Bepflanzung mit Wildflora" sollte "allzu große Pflegekosten vermeiden". Anstelle von Parkbäumen sollten vor allem Obst- und Nußbäume die Wiesen begrenzen. Daß die Bepflanzung nicht ganz so bodenständig war, zeigte sich später. Von den italienischen Säulenpappeln, die die große Eingangsallee säumen, mußten im Laufe der Jahre zahlreiche morsche Exemplare gefällt werden. Stattdessen hat das Gartenamt mittlerweile robustere Pyramideneichen gepflanzt. In absehbarer Zeit werden nach Ansicht von Werner Breuckmann, der für die Pflege der Frankfurter Grünanlagen verantwortlich ist, auch die letzten Säulenpappeln weichen.

Ansonsten ist noch viel vom ursprünglichen Baumbestand erhalten geblieben. Die großen Spielwiesen, auf denen schon seit den fünfziger Jahren Sportveranstaltungen ausgetragen werden, sind umgeben von Kiefern, Hainbuchen, Birken und Eichen. Im Kastanienrondell finden sich Bäume, die schon fast 90 Jahre alt sind. Am Höhenweg stehen zahlreiche Walnußbäume, die einst eine Allee bilden sollten, und Ahorn, am Hang verschiedene Kirschbäume. Den Spielplatz beschattet eine große alte Linde. Der im Frühjahr violett blühende Blauglockenbaum, die Paulownea tomentosa, hinter der Gaststätte gehört nach Angaben Breuckmanns zu den selteneren Arten im Stadtgebiet.

Artenvielfalt wies das Senckenberg-Institut auch auf den Wildwiesen am Hang nach, die in der Regel nur einmal im Jahr — nach der Blüte im Juni — gemäht werden. Der weitläufige Park benötigt nicht so viel Pflege wie andere Grünflächen in der Stadt. Dies gilt allerdings nicht für den nur 1,1 Hektar großen Weinberg, auf dem seit den achtziger Jahren nur noch Riesling angebaut wird. Jahrelang wurden die Rebstöcke von einem einzigen Pfleger, Erich Hegemer, betreut, der nicht nur seine Arbeits-, sondern auch seine Freizeit im Lohrpark verbrachte. Seit 1985 untersteht der Weinberg dem städtischen Weingut in Hochheim, wo die Lohrberg-Trauben schon seit 1971 verarbeitet werden. Die größte Arbeit haben die Gärtner jedoch mit den Hinterlassenschaften der Ausflügler, die den Park trotz der schlechten Anbindung mit öffentlichen Verkehrsmitteln im Sommer in Scharen aufsuchen. Wenn sie am Wochenende — trotz Verbots — gegrillt und Fußball gespielt haben, benötigen die Pfleger einen vollen Tag zum Wiederherrichten. Daß es keinen Parkaufseher mehr gibt, wie noch zu Anfang des Jahrhunderts, empfindet Breuckmann mitunter als Nachteil. Denn die Anlage, die etwas "ab vom Schuß" liegt, wird auch nachts rege frequentiert. Und nicht immer geht es dabei so romantisch zu wie im August, wenn Sterngucker auf den Berg ziehen, um das Naturschauspiel des Sternschnuppenfalls der Perseiden zu bewundern. Nächtliche Auto- und Motorradrennen hinterlassen weit länger sichtbare Spuren.

Brentanopark

Ein Platz mit seltenen Bäumen

Vor allem ist es der großartige alte Baumbestand mit mehr als 50 ungewöhnlichen Exemplaren, der auch heute noch einen Besuch im Brentanopark lohnt. Riesige Trompetenbäume, Krim-Linden, Amber- und Götterbäume, Schwedische Mehlbeeren oder Hänge-Dotter-Weiden wachsen auf dem 3,5 Hektar großen Gelände in Rödelheim. Da gibt es zum Beispiel die rund 500 Jahre alte Stieleiche am Kriegerdenkmal; mit einem Kronendurchmesser von 32 Metern und einem Stammumfang von 6,80 Metern ist sie das älteste und mächtigste Gewächs der Gegend. Obwohl die Eiche schon am Niddaufer wucherte, als Kolumbus Amerika entdeckte, zählen Experten den Baum zu den vitalsten und gesündesten der Grünanlage. Die heftigen Gewitterstürme zu Anfang des Jahrzehnts mit Böen bis zu Windstärke elf hat er im Gegensatz zu vielen weitaus jüngeren Bäumen unbeschadet überstanden.

Am nördlichen Niddaufer neben dem verfallenden Petrihäuschen, das einst – heute unvorstellbar – als malerisch am Niddaufer gelegenes Gästehaus der Familie Brentano durch eine blumengeschmückte Holzbrücke mit dem Hauptpark verbunden war, gibt es auch noch den 200 Jahre alten Ginkgobaum, den schon Goethe in einem Brief an Marianne von Willemer beschrieben haben soll. Gerne ist der prominente Sohn der Stadt bei den Brentanos in Rödelheim zu Gast gewesen, die den um 1770 angelegten Park im Jahr 1808 von dem verarmten preußischen Hofrat Friedrich Wilhelm Basse gekauft hatten. Schon damals war Goethe kein Fremder in Rödelheim, hatte er doch Basse um 1790 bei der Planung seines Gästehauses jenseits der Nidda beraten. Der eigentliche Schöpfer des ehemals 14 Hektar großen englischen Parks war Georg Brentano, der Bruder der

beiden Romantiker Clemens und Bettina, der verheirateten von Arnim. Auf seine Weise leistete somit auch Georg einen Beitrag zum neuen romantischen Lebensgefühl des beginnenden 19. Jahrhunderts, das die Schönheit und Geheimnisse der Natur in bildender Kunst und Literatur so schwärmerisch verarbeitete. Mehr als 40 Jahre lang hat er danach gestrebt, in seinem Rödelheimer Park ein idealisiertes, stimmungsvolles Abbild der Natur zu schaffen. Allein 140 Kauf- und Tauschgeschäfte mußte er abschließen, bis er endlich ein ausreichend großes zusammenhängendes Gelände an der Nidda beisammen hatte.

Gut zehn Jahre nach dem Kauf ist 1819 der Maler Ludwig Emil Grimm, der Bruder der Märchenschreiber, bei den Brentanos zu Gast und beschreibt den weitgediehenen Park voller Begeisterung: "Die schönsten Blumen überall, schöne große Baumgruppen, dunkle lange Lauben, Treibhäuser, Fasanerie, Badhaus, eine Menge Gartenhäuser in Schweizer und Tiroler Bauart,

Zum romantischen Lebensgefühl gehört die Leidenschaft für das Fremde und Geheimnisvolle.

153

Rehe und Pfauen. Man konnte stundenlang spazierengehen in den Gärten und Wiesen, die alle zum Gute gehören."

Einen prächtigen Landsitz hatte sich Brentano gestaltet, ganz im Geiste der Eliten jener Zeit, die unüberseh-
bar ihren Wohlstand, ihren guten Geschmack, aber auch
ihre gesellschaftliche Position zur Schau stellten. Nicht
ohne Grund wird sich der bürgerliche Brentano ausge-
rechnet als unmittelbarer Nachbar der Grafen von
Solms-Rödelheim niedergelassen haben, die seit dem 15.
Jahrhundert als Territorialherren an der Nidda residiert
hatten. Der reiche Frankfurter Kaufmann wollte dokumentieren, daß der Bürger dem Adel seiner Zeit in
nichts nachstand.

Doch weder von der Prachtentfaltung der Solmser
Grafen noch der der bürgerlichen Brentanos ist letztlich
nennenswertes übriggeblieben. Die herrschaftlichen Bauten beider Familien wurden im Zweiten Weltkrieg zer-

154

stört, auf der einen Seite der heutigen Straße "Auf der Insel" das Solmser Schloß, auf der anderen Seite der repräsentative Neubau der Brentanos, den Georgs Enkelin Marie Stumpf-Brentano an der Stelle des alten Landhauses im Jahr 1897 im klassizistischen Stil hatte errichten lassen.

Doch die Erben Brentanos hatten den Reichtum der Familie nicht in die Gegenwart retten können. 1926 verkauften sie den gesamten Besitz an die Stadt Frankfurt, die Rödelheim nach mehr als 1100 Jahren eigenständiger Geschichte im Jahr 1910 eingemeindet hatte. Von dieser Zeit an wechselte der ehemals herrschaftliche Park sehr schnell sein Erscheinungsbild. Die Anlage wurde zum Volkspark umgestaltet, mit Kinderspielplatz, einem Schülerarbeitsgarten an der Stelle der früheren Fasanerie, neuem Wegenetz und Bänken für die Besucher.

An die Zeit der Umgestaltung erinnert noch der eigenartige Pavillon von 1931 im Stil der Moderne mit seinem weit vorspringenden halbrunden Obergeschoß. In dem merkwürdige Bau, der Gestaltungselemente der kurz zuvor fertiggestellten Römersiedlung Ernst Mays im nahe gelegenen Heddernheim aufzunehmen scheint, waren einst Außenstellen des Gartenamts und dann des Ordnungsamts untergebracht. Viele Jahre stand der Pavillon leer; Pläne, ein Café einzurichten, sind gescheitert.

Der größte Einschnitt in die alte Struktur der Anlage war jedoch 1930 der Bau des Brentanobads, für den zwei Drittel des Parks abgetrennt und umgestaltet wurden. So ist nach rund 200 Jahren kaum etwas von der Atmosphäre eines vornehmen Landsitzes übriggeblieben, wie sie von Zeitgenossen geschildert wurde. Der weiße Goethe-Tempel mit seinen angefaulten Holzsäulen, die den Dreiecksgiebel tragen, steht nun ohne jeden Bezug zu anderen Gestaltungselementen der Anlage verlassen an der Nidda, ebenso das abbruchreife Petrihäuschen am Nordufer des Flusses, als Schuppen des Stadtentwässerungsamts mißbraucht, eingequetscht zwischen fliesenverblendeten Dienstgebäuden des Betriebshofs und dem Stauwehr. Nicht einmal die Einstufung als Kulturdenkmal ist den Stadtvätern das historisch bedeutungsvolle Gästehaus wert gewesen. Vieles würde Werner Breuckmann vom Gartenamt im Brentanopark gerne umgestalten. Das stacheldrahtgeschützte Wehr über die Nidda möchte er begehbar machen, um die historische Verbindung auf die andere Flußseite wiederherzustellen. Dort könnte neben dem hoffentlich bald sanierten Petrihäuschen ein kleines Gartenlokal entstehen. Auch wünscht sich Breuckmann die Neubepflanzung des alten schmiedeeisernen Laubengangs mit Kletterrosen und die Freilegung ehemaliger Sichtachsen, die längst zugewachsen sind.

Bei aller Freude an der Arbeit ist der für die Unterhaltung von Frankfurts Grünanlagen zuständige Mitarbeiter der Stadt freilich auch Realist genug, um zu wissen, daß derzeit wohl nur ein bescheidener Teil seiner Pläne umgesetzt werden wird. Die vielen seltenen Bäume allerdings, das weiß Breuckmann, werden auch in den nächsten Jahrzehnten wohl noch die Attraktion des Brentanoparks bleiben.

Holzhausenpark

Im Volksmund einst der "Brezelgarten"

"Der Park ist zu einem kleinen Paradies für Kinder und Kindermädchen geworden, für Jünglinge, die sich auf Bänken in Literatur bilden", frohlockte eine Frankfurter Zeitung, als der Holzhausenpark im Jahr 1913 den Bürgern der Stadt seine Tore öffnete. Bis heute erfreut sich der "Palmengarten des Nordens", wie er alsbald genannt wurde, großer Beliebtheit. Kinder tummeln sich auf der großen Wiese und turnen unter den Blicken ihrer Mütter auf Klettergerüsten und Rutschbahnen. Im Winter wird gerodelt, und mit den ersten Sonnenstrahlen im Frühling breiten Familien unter den Pappeln ihr Picknick aus.

Schon von Ferne erkennt man die Schwestern des nahegelegenen Diakonissenwerks, die in ihrer schwarzen Tracht und den leuchtend weißen Häubchen gemächlich über den knirschenden Kies schreiten, während Bankangestellte sich für die Mittagspause inmitten von Fliedersträuchern und Ginkgo-Bäumen ihrer Krawatte entledigt haben. Ruhebänke laden ein, den Blick schweifen zu lassen, zum Beispiel in die hochaufragenden Eichen und Kastanien, die hier seit mehr als einem Jahrhundert als eherne Zeugen einer längst vergangenen Welt stehen.

Der Holzhausenpark ist indes nur der kleine Bruchteil eines in der zweiten Hälfte des vorigen Jahrhunderts großzügig angelegten englischen Landschaftsgartens. Den Mittelpunkt bildet bis heute das barocke Wasserschlößchen, einst Wohnsitz der Familie von Holzhausen, das sich märchenhaft aus seinem Weiher erhebt. Auf dem Wasser ziehen Enten ihre Kreise, und hoch oben auf dem vier Stockwerke aufragenden Schlößchen versammeln sich gurrend die Tauben.

Kaum möchte man glauben, das diese Oase inmitten der lärmenden Metropole einst aus einem weit vor den

Von der einstigen "Naturlandschaft" des Holzhausen- parks zeugen heute noch einige Solitär- bäume. Das An- wesen der Familie Holzhausen wurde als zierliches Was- serschlößchen ent- worfen.

Toren der Stadt gelegenen mittelalterlichen Festungsbau hervorgegangen ist. Die Bezeichnung "Oede", woran heute noch der Oeder Weg erinnert, läßt indes keines- wegs auf Einöde schließen, sondern meint vielmehr Eigentum. Im 15. Jahrhundert gelangte sie in den Besitz der Holzhausens und damit einer der einflußreichsten Familien der Stadt, die über viele Jahrhunderte das poli- tische Geschehen der freien Reichsstadt bestimmte.

Daß es in der "Oede" bisweilen recht munter herging, bezeugen die humanistischen Zirkel, zu denen im 16. Jahrhundert der junge Hamman von Holzhausen, Humanist und Anhänger der Reformation, des öfteren einlud. Dabei wurde durchaus nicht nur dem erbaulichen Gespräch gefrönt. Daß die Verehrer der antiken Welt den genüßlichen Seiten des Lebens keineswegs abhold waren und in der illustren Runde vor den Toren der Stadt viel

Saft aus den hauseigenen Weinbergen geflossen sein wird, schildert ein überliefertes Gedicht: "Seht dies gastliche Haus, ringsum das Wasser der Quelle,/Und in friedlicher Ruh Wiesen und Waldung umher./Alles zumal ist den Musen geweiht und dem fröhlichen Bacchus:/Denn hier herrscht zumeist Freude an Wein und Gesang."

Nicht immer herrschte indes "friedliche Ruh". 1552 ging das Anwesen während der Belagerung der abtrünnigen Reichsstadt in Flammen auf, und während des Dreißigjährigen Krieges wurde es dann tatsächlich von den wechselnden Kriegsparteien in ein wüstes Ödland verwandelt. Damit nicht genug, ging Johann Hector von Holzhausen gleich selber ans Werk und ließ 32 der altehrwürdigen Eichen schlagen. Er wollte den Söldnern von vornherein den Anblick der "Oede" vergällen. Bei seinem Tod konnte er immerhin noch fünf Rinder und zehn Wiesen, vier Weingärten und einige hundert Morgen Land hinterlassen.

Wie es dort zu jener Zeit ausgesehen haben mag, läßt sich heute bei einem Gang durch das Städelsche Kunstinstitut sehen. Dort hängt das Gemälde eines unbekannten Künstlers aus der Zeit um 1700, das die eckige Wasserburg samt ihrem mächtigen Turm inmitten einer von Baumreihen durchzogenen Ackerlandschaft zeigt. Daß sich dort einst ein gewisser Baron zu Makkau, ein Freund der Familie, eingenistet haben soll, der sich nicht nur auf das zweifelhafte Gewerbe des Wechselbetruges verstand, sondern auch hochexplosive alchimistische Experimente veranstaltete, glaubt der Betrachter nur zu gern.

Im 18. Jahrhundert erfreuten sich auch in Frankfurt die ländlichen Sommersitze einer zunehmenden Beliebtheit. Zwischen 1727 und 1729 beauftragte Johann Hieronymus von Holzhausen den hessischen Baumeister Louis Rémy de la Fosse, den verwahrlosten Renaissancebau in ein repräsentatives Anwesen im Stil des französischen Barock zu verwandeln.

Ganz dem Geschmack der Zeit entsprechend war das zierliche Wasserschlößchen, wie wir es heute kennen, von einer strengen, aus Beeten, Wegen und Rasenstreifen geometrisch entworfenen Gartenanlage umgeben. Doch es dauerte nur ein knappes Jahrhundert, und schon war man der Formen des Barock wieder überdrüssig. Statt dessen versuchten die Gartenkünstler gemäß dem Rousseauschen Lebensgefühl jetzt, "natürliche" Landschaften zu gestalten. Für den Park der Holzhausens sah ein Plan von 1793 malerisch verschlungene Wasserläufe mit kleinen Brücken sowie zahlreiche der damals beliebten Lauben und Pergolen vor. Hans Thoma hat den Blick von seiner Wohnung auf die Idylle aus Wegen, Bäumen und Wiesen Ende des vergangenen Jahrhunderts auf der Leinwand festgehalten. Die heute noch teilweise erhaltene Kastanienallee, deren Eingang am Oeder Weg ein Tor ziert, bildet den letzten Rest dieser einstigen "Naturlandschaft". Die Frankfurter nannten den Park ob seiner geschwungenen Wege schlicht "Brezelgarten". Als mit Adolf Freiherr von Holzhausen der letzte Ahn dieses Familienzweigs verstarb, ging der jahrhundertealte Familiensitz mit rund dreieinhalb Hektar Park im Jahre 1910 an die Stadt Frankfurt über, allerdings mit der Auflage, ihn der Öffentlichkeit zugänglich zu machen. Die Parzellierung und Bebauung der restlichen gut 17 Hektar großen Gartenanlage war indes nicht aufzuhalten. Der 1913 eröffnete Volkspark blieb in seiner Grundstruktur bis in die fünfziger Jahre erhalten. Erst dann wurde mit der Instandsetzung der beliebten, doch vernachlässigten Grünflächen begonnen. Bis dato noch erhaltene Strukturen des englischen Gartens wurden dabei endgültig zerstört. Das prächtig gewachsene Lindenoval etwa, über das die Gartenarchitekten damals rabiat hinweggingen, läßt sich heute nur noch erahnen.

Wiewohl das städtische Gartenamt bemüht ist, die Schäden im Park gering zu halten, bleiben die Spuren der Städter nicht folgenlos. Aber erst Ende der siebziger Jahre, als der Weiher wegen Verseuchung eingezäunt werden mußte, horchten die Stadtväter auf und gaben 1981 ein Gutachten in Auftrag. Die Mißstände waren verheerend: Auf abgenutzten Wiesen und zerfahrenen Erdhügeln verkümmerte wertvoller Baumbestand, die verwahrlosten Spielgeräte waren zu einer Gefahr für die Kinder geworden. So wurden im Zuge einer zweiten Restauration der Weiher gesäubert, die Wiesen mit einer Bewässerungsanlage versehen, Treppen und Wege erneuert und die Beete mit querliegenden Bäumen gesäumt. Das Vorhaben, die angrenzende Hammanstraße dem ohnehin schon knapp bemessenen Park einzuverleiben, verhinderte eine aufgebrachte Anwohnerschaft; sie sah sich ihrer Autoparkplätze beraubt.

Heute erweist sich der beliebte, stark frequentierte Park als sehr klein für das angrenzende Wohnviertel. Zwar zieren adrette Sandsteinmäuerchen die einzelnen Parkeingänge, eröffnen freigeschlagene Sichtachsen Blicke in die Ferne, und ein in den Weiher ragendes Holzrondell gibt dem Besucher gar das Gefühl, zu schweben. Doch gleichzeitig kommen die Gärtner mit der Pflege kaum nach; bei näherem Hinsehen zeigt sich der bedenkliche Gesundheitszustand vieler Bäume. An willigen Helfern zur Rettung des Parks mangelt es indes nicht. Selbst der derzeitige Hausherr des Schlößchens, der Geschäftsführer der Bürgerstiftung, Clemens Greve, scheut sich nicht, bisweilen höchstpersönlich zum Säubern in den Weiher zu steigen.

Immerhin liegen jetzt Pläne zur Restaurierung der Kastanienallee vor, und man denkt sogar an die Errichtung eines neuen Lindenovals, wie der zuständige Abteilungsleiter im Gartenamt, Werner Breuckmann, erläutert. Denn, so die einhellige Meinung, die einstige "Oede" der Holzhausens ist seit mehr als einem halben Jahrtausend — ihrem Namen zur Ehre gereichend — ein Kleinod geblieben. Und das gilt es sorgsam zu pflegen.

Ostpark

Sieg der Gärtenrevolutionäre in der Stadt

Ein Idylle scheint der Ostpark auf den ersten Blick zu sein. Seit jeher sind stolze Schwäne seine Zierde. Vielstimmiges Froschgequake läutet am Ufer des Weihers die Abenddämmerung ein. Graugänse watscheln - in sicherer Entfernung vor den Fußballspielern - über die große Wiese. Eine Entenmutter führt ihre Kükenschar auf die Insel in der Mitte des Weihers. Doch das Arkadien im Osten Frankfurts ist, wie viele Parkanlagen der Stadt, einer steten Bedrohung ausgesetzt. Als Erholungsraum für die Großstädter angelegt, hinterläßt die Massengesellschaft auch hier ihre Spuren. Der Ostpark bedarf daher der ständigen intensiven Pflege.

So hatte der Bau des U-Bahnabschnitts von der Eissporthalle zum Zoo, Ende der achtziger Jahre, eine dramatische Absenkung des Grundwasserspiegels zur Folge. Wertvolle Baumbestände waren gefährdet, und der See drohte zu verlanden. Nach Abschluß der Bauarbeiten konnte sich der Weiher regenerieren: Er wurde entschlammt, saniert und eine Vertiefung des Gewässers sowie eine regelmäßige Wasserzufuhr führten zu einer Ver-

Bewegung wird im Ostpark großgeschrieben. In Stoßzeiten kämpfen Fußballer, Radfahrer, Ruhebedürftige und Graugänse um ihren Anteil am Volkspark.

163

besserung der Lebensräume für Flora und Fauna. Auch die Uferzonen wurden bepflanzt und dienen heute der Tierwelt als Rückzugs- und Ruhegebiete. Zu Beginn der neunziger Jahre wurde der Spielplatz am Ufer des Sees renoviert. Den verfallenen Treppenstufen, die dort in den Weiher führen und heute noch an den früheren Badebetrieb im Ostpark erinnern, steht eine Sanierung noch bevor. Eine 1930 entstandene Unterstellhalle, die als offene Eisenbetonkonstruktion mit Pergola ganz im Zeichen der Funktionalität und Moderne steht, wurde unter Denkmalschutz gestellt.

Bis heute erweist sich dagegen der Lärmpegel im Park als akute Misere. Eine akustische Studie aus den achtziger Jahren urteilte, der Ostpark sei nach den Lärmbelästigungen als Gewerbegebiet einzustufen. Bis heute hat sich daran nichts geändert, an keiner Stelle der von Schienen- und Autoverkehr umtosten Parkanlage herrscht friedvolle Stille. Verschiedene Vorschläge, wie den, den Ostpark mit dem gegenüberliegenden Röderberghang zusammenzulegen, wurden stets verworfen.

Historische Dimension erlangt der zu den größten und meistbesuchten Erholungsgebieten Frankfurts gehörende Park als einer der ersten Volksgärten der Stadt. Denn zu der Zeit der Entstehung in den Jahren von 1907 bis 1911 war es keineswegs üblich, Grünflächen anzulegen, auf denen es gestattet war, sich aufzuhalten und Spiel und Sport zu treiben. Dem Bruch mit der Tradition des klassischen Stadtparks hin zum modernen Volkspark ging zunächst ein Bewußtseinswandel der Planer, Architekten und Gärtner voraus. Vor allem Carl Heicke, Hauptgeschäftsführer der Deutschen Gesellschaft für Gartenkunst und von 1902 bis 1912 Gartendirektor der Stadt Frankfurt am Main, ist es zu verdanken, daß die modernen Ideen eines Parks für das Volk in Frankfurts Osten Realität wurden.

Welche Überwindung ihn das gekostet hat, belegt ein Zitat kurz vor der Fertigstellung im Jahre 1910. Darin schildert Heicke rückblickend sein Entsetzen, als ihm erstmals die Idee einer größeren Anlage für die Bevölkerung vorgetragen wurde: So etwas schien einem zunächst ganz undenkbar, erinnerte er sich, wenn man sich die Form unserer bisherigen Stadtparks vorstellt, die sozusagen nur die guten Stuben für die Bevölkerung und sauber herausgearbeiteten Zieranlagen bildeten. Doch die Gartenrevolutionäre trugen einen Sieg davon: 1911 wurde der Ostpark als weiträumiger Landschaftspark am Ausgang des Frankfurter Ostens eröffnet.

In seiner ursprünglichen Gestalt weitgehend erhalten, zieht sich das Areal durch die verlandete Mainsenke an den Hängen des Röderberghangs, Buchhanges, Seckbacher und Berger Hanges entlang. Bis zu dreitausend Menschen tummeln sich am Wochenende auf dem 42 Hektar großen Gelände, das von einem waldigen Gürtel gesäumt wird. Im Sommer breiten Familien auf der großen Wiese ihr Picknick aus, Fußballmannschaften stecken mit Pullovern die Tore ab, eine Wäscheleine, zwischen zwei Bäume gespannt, dient Federballspielern als Netz. Wer sich hingegen zu einem Spaziergang aufmacht, stößt alsbald auf eine Besonderheit des Ostparks.

Neben den Wiesenflächen und dem Weiher wurde 1907 ein zwei Hektar großer Schulgarten für den Biologieunterricht angelegt. Zwar wurde die Einrichtung 1983 aufgrund nachlassenden Interesses zum Bürgergarten erklärt und entsprechend umgestaltet. Doch auch heute bietet der Garten dem botanisch interessierten Spaziergänger allerlei Entdeckungen: neben Vegetationsbildern der deutschen Heimat und Gesteinsarten des Frankfurter Bezirks finden sich hier Arznei- und Giftpflanzen und ein hübsch angelegter Bauerngarten.

Wenn bei Sonnenschein auf der Ostparkwiese Hochbetrieb herrscht, bietet dieser verträumte Garten mit seinen Lauben und Sitzbänken, seinen verschlungenen Bächlein und versteckten Teichen noch immer eine idyllische Oase. Übersichtskarten an den Eingängen des

"Ein einziger alter Ahorn adelt einen ganzen Garten, eine einzige majestätische Buche, eine einzige riesige Kastanie, die die halbe Nacht in ihrer Krone trägt."

HUGO VON HOFMANNSTHAL

Gartens informieren über Anbau, Pflege und Besonderheiten der Pflanzen, Schaubeete mit hundert verschiedenen Rosen und mehr als dreißig verschiedenen Dahliensorten erfreuen das Auge. Da sich allerdings auch zahlreiche hungrige Kaninchen an ihnen erfreuen, möchte das Gartenamt in Zukunft andere Blumen hier setzen.

Längst nicht alle Teile des ursprünglich geplanten Erholungsparks im Osten sind indes verwirklicht worden. So war zwischen Bornheimer Hang und Riederwald ursprünglich eine weitläufige Erholungslandschaft mit Kleingärten, Obst- und Gemüsefeldern sowie einem Waldpark vorgesehen. Sie sollte den Beginn einer Parkkette bis hin zum Lohrpark markieren. Auch wenn der Ostpark nicht wie vorgesehen in ein grünes Netz eingebunden wurde, bietet er mit seinem Weiher und den ausgedehnten Wiesenflächen samt Bürgergarten ein wertvolles Erholungsgebiet im Osten der Stadt. Auch der Röderberghang, den nur eine Straße vom Ostpark

trennt, soll bis spätestens 1999 mit verschiedenen Rosen-
sorten neu bepflanzt werden. Von dort eröffnet sich ein
herrlicher Blick über die großzügig angelegte Gartenlandschaft.

Bethmannpark

Bürgerpark mit fernöstlichem Flair

Der Wunsch nach dem Haus im Grünen ist keine Modeerscheinung. Schon vor 200 Jahren zog es Bürger hinaus aus der städtischen Enge vor die Tore Frankfurts. Nur lag damals der "Speckgürtel" nicht im Taunus, sondern direkt hinter den Wallanlagen, wo die Bebauung endete und die Natur begann.

Davon merkt freilich der Besucher des Bethmannparks heute nichts mehr. Er blickt vielmehr durch die Baumwipfel auf Wohnblocks und hört auch hinter den dicken Gartenmauern die Autos vorbeirauschen. Für 1778 jedoch, als Johann Philipp Bethmann, Mitbegründer der gleichnamigen Bank, sich hier Gelände pachtete und zunächst ein Gartenhaus für den Sommerurlaub der Familie baute, ist der Name "Garten vor dem Thore" zutreffend. Er bleibt es bis zur Gründerzeit, als eine expansive Bautätigkeit die Umgebung nachhaltig veränderte.

In dem nur 1,8 Hektar großen Garten spiegelt sich nicht nur die Familiengeschichte der Bethmanns. Die Parkhistorie enthält zugleich ganz typische Aspekte der Frankfurter Bürgergesellschaft. Hier gestaltete nicht nur eine erfolgreiche, kunstsinnige Bankiersfamilie über mehrere Generationen hinweg einen repräsentativen Patriziergarten, bediente sich dabei des Fachverstands der Zeit und folgte gekonnt und kontinuierlich den landschaftsarchitektonischen Moden. Der Park entwickelte sich auch zyklisch wie die Wirtschaft der Bankenmetropole, wuchs und gedieh zuweilen mit großer Geschwindigkeit und erlebte ebenso Zeiten der Stagnation, der Regression und des Niedergangs.

Aber auch der Geist der demokratischen Massengesellschaft macht sich bemerkbar, denn nur einer Bürgerinitiative ist es zu verdanken, daß in den fünfziger Jahren

die Anlage nicht durch den geplanten Bau eines Hallenbades zerstört wurde. Schließlich hat auch Frankfurts internationales Flair im Bethmannpark seinen Ausdruck gefunden — in Form des chinesischen Gartens, der dem gesamten Areal seinen Charakter verleiht und ihm eine gartenarchitektonische Bedeutung gibt, die über die Stadt hinausreicht.

Von der ursprünglichen Struktur, der Fülle und Pracht, die den Bethmannschen Park zur Zeit der Nationalversammlung 1848 kennzeichneten, ist nur sehr wenig erhalten. Teile des 1872 gebauten Palmenhauses stehen noch, der Eiskeller unter dem Burgturm ist gar auf die "Gründerzeit" und Johann Philipp zurückzuführen, und dort, wo im chinesischen Garten heute Enten schwimmen, stand schon Simon Moritz von Bethmann am Ufer, der nach 1822 den "Weyer" anlegen ließ.

Aber alles andere hat die Zeit verschluckt: das luxuriöse Haus an der Friedberger Chaussee, die von Philipp Heinrich Alexander Moritz errichtete Voliere, die Gärtnerwohnung im Stil des damals so beliebten Schweizerhäuschens, die langgestreckte Orangerie an der Grenze zum Mauerweg, schließlich das als Appendix zu den Gebäuden an der Chaussee entstandene "Ariadneum", das erste Museum dieser Art in der Stadt und zugleich Repräsentationsraum der Familie, den jährlich etwa 3000 Besucher frequentierten. Verlorengegangen sind auch Charakter und Charme der großbürgerlichen Grünanlage, der selbst Weimars Hofgärtner Friedrich Ludwig von Sckell und der königliche Garten-Direktor Utte aus Berlin Lob gezollt hatten.

Zunächst war der Park wohl nur einer jener Bürgergärten, von denen es rund um die Wallanlagen und Ausfallstraßen einige gab, mit Obst- und Gemüsebeeten, Gartenhaus und "Spaziergängen". Johann Philipp hatte darüber hinaus einen kleinen geometrischen Garten anlegen lassen, wie er seinerzeit "en vogue" war. Aber schon unter Simon Moritz lief die Entwicklung auf den "moderneren" Landschaftsgarten zu, eine Richtung, die auch Philipp Heinrich Alexander Moritz von Bethmann durch einen unbekannten Gartenkünstler fortführen ließ. Das Herzstück bildete der große Weiher, gespeist durch einen Bach, in dem sich das Landhaus spiegelte. Mehr und mehr bekam der Landschaftsgarten Stadtpark-Charakter, und nach 1875 hat aller Wahrscheinlichkeit nach der Frankfurter Gartenkünstler Heinrich Sießmayer maßgeblich an der Gestaltung mitgewirkt.

Im 20. Jahrhundert folgte zunächst eine Zeit der Stag-

nation, 1941 setzte mit dem Verkauf von sieben Zehn-
teln des Geländes durch Simon Moritz von Bethmann,
einen Nachfahren des Vorgenannten, an die Stadt langsam der Niedergang ein, den der Krieg nahezu vollendete. Als 1949 mit dem Wiederaufbau begonnen wurde,
geschah dies unter neuer Zielsetzung: Aus dem großbürgerlichen Bankiers-Park entstehen eine städtische
Informationsanlage für gärtnerische Fachfragen und ein
Schaupark. Es ist eine Art Mini-Palmengarten mit

Moderne Chinoiserie
in der Großstadt:
Seit 1989 beherbergt
der Bethmannpark
einen chinesischen
Garten. Er wurde
innerhalb von nur
vier Monaten errich-
tet.

Zwei Brücken führen
über den Weiher, an
dessen Ufer schon
Simon Moritz von
Bethmann 1822
stand, eine
Bogenbrücke ...

Miniatur-Palmenhaus, wo Reviergärtner Harro Jung seit 22 Jahren unter einem überdimensionalen "Geigenkastengummibaum", einem Geweihfarn und Kaffeepflanzen als "Pflanzendoktor" fungiert — seit kurzem jedoch nur noch ambulant, weil die Arbeit zuviel wurde und die Krankheiten der mitgebrachten Pflanzen sich auf eigene Züchtungen übertrugen.

Während in den Gewächshäusern neben subtropischen Gewächsen auch Agaven und Kakteen zu bewundern sind, stehen draußen die Rosen im quadratischen Beet, Rhododendren und Azaleen, Magnolien- und Ginkgo-Bäume. Auch laden Bänke zwischen Schmuckbeeten zum Verweilen und zum Schachspiel ein. Diese "Nachkriegskonzeption" bestimmte den Bethmannschen Park nahezu unverändert bis zur Errichtung des chinesischen Gartens 1989, einer außerordentlichen Neuschöpfung — der jedoch zunächst ein Raubbau am Gartengelände vorausgegangen war. Dem Ausbau der Friedberger Landstraße 1969 wurden 20 Prozent der Grünfläche geopfert, erst danach wurde die gesamte Anlage unter Denkmalschutz gestellt.

Die sogenannte Chinoiserie ist ein Stück europäischer Gartenkunst, und so nimmt es nicht wunder, daß auch die Bethmannsche Voliere einst mit chinesischen Architekturmotiven ausgestaltet war. Aber nicht dies, sondern

der Umstand, daß der Park 1987 vor einer Grund-
erneuerung stand, bestimmte ihn als Standort für den
chinesischen Garten, von denen es in ganz Deutschland
nur noch zwei weitere gibt: einen im Kanton-Stil gestalteten Park in München und einen im Wuhan-Stil in
Duisburg.

Die Anlage in Frankfurt beeinträchtigt den Schaugar-
ten des Bethmannparks keineswegs. 16 chinesische
Ingenieure, Steinmetzen und Maurer errichteten ihn
1989 innerhalb von vier Monaten, nachdem das Material mit 420 Tonnen Gewicht komplett von der Provinz
Anhui nach Frankfurt transportiert worden war. Der
Gartentyp dieser Provinz im Südosten der Volksrepublik
ist durch eine zurückhaltende, sehr harmonische und
materialbetonte bauliche Gestaltung gekennzeichnet,
durch die der Charakter der Pflanzen hervorgehoben
wird. Der alte Weiher wurde zum zentralen Punkt des
von einer hohen Mauer umgebenen Gartens. Er kann
über zwei Brücken überquert werden, eine kleine Bogenbrücke und eine längere Zickzackbrücke mit Sitzpavil-
lons, die nach chinesischem Verständnis bösen Geistern
den Weg verbaut – sie bevorzugen nämlich gerade
Strecken. Durch eine hohe Mauer ist der Garten von der
Umgebung abgeschirmt. Wer über die Brücke geht,
durch die Pavillons schlendert und den Rundweg

... und eine Zick-
Zack-Brücke, die
böse Geister vom
Pavillon fernhalten
soll.

173

nimmt, sollte auf Details achten: das "Mondtor" etwa, das in kaum einem chinesischen Garten fehlt, die 22, mit unterschiedlichen ornamentalen Steingittern versehenen "Landschaftsfenster" in der Außenmauer, die typischen chinesischen Holztüren, den Wasserfall, dessen Steine — handverlesen — aus einem Steinbruch im Westerwald stammen, und selbstverständlich die ausgewählte Bepflanzung. Sie besteht aus den alten, mächtigen Bäumen des historischen Parks und der Neuanpflanzung mit wenig bekannten Bambussorten, mit Kiefern, chinesischem Hartriegel, Davidsmantel, Blauregen, Ranunkelstrauch, Wasser- und Sumpfpflanzen, Pfingstrosen und japanischen Zierkirschen. Als filigran gestaltete Symphonie aus Pflanzen, Steinen, Wasser, Erde und Himmel lehrt der Garten in jedem Frühjahr und Sommer die Besucher, warum China als "Mutter aller Landschaftsgärten der Erde" bezeichnet wird.

"Soll also die Gartenkunst endlich von ihren Ausschweifungen zurückkommen und wie ihre andern Schwestern zwischen bestimmten und bleibenden Grenzen ruhn, so muß man sich vor allen Dingen deutlich gemacht haben, was man denn eigentlich will; eine Frage, woran man, in Deutschland wenigstens, noch nicht genug gedacht zu haben scheint. Es wird sich alsdann wahrscheinlicherweise ein ganz guter Mittelweg zwischen der Steifigkeit des französischen Gartengeschmacks und der gesetzlosen Freiheit des sogenannten englischen finden ..."

FRIEDRICH SCHILLER

Grüneburgpark

Schon Goethe ließ sich hier inspirieren

Irgendwo hier muß es gewesen sein, an einem Tag im Mai, als die Abendluft schon mild und würzig war und das junge Grün der Bäume kräftig sproß. Er hat "jenes Frauenzimmer" beim Nachhauseführen "eifrig geküßt", das hat er in seinen Memoiren festgehalten. Schön war sie, "und in ihrem Betragen waltete eine Ruhe, die von der Gesundheit ihres Körpers und Geistes zeugte". Hätte sich die Mutter durchgesetzt, wäre aus dem "Mariage-Spiel" unter den Obstbäumen des Papas ehelicher Ernst geworden. Aber dazu war er nicht der Typ. Statt dessen schrieb er zum Abschied ein Gedicht "Ihr verblühet, süße Rosen, Meine Liebe trug euch nicht" und machte sich auf nach Italien.

Bänke gibt es im Grüneburgpark nicht nur für Banker, die es in der Mittagspause manchmal hierher zieht.

Der Messeturm, das neue Wahrzeichen der Main-Metropole, schafft ein wenig "New-York-Gefühl".

Wo heute Cappuccino gereicht wird, standen einst die Obstbäume von Goethes Vater.

Ein lauer Abend im Grüneburgpark — wer denkt da an Goethe und "jenes Frauenzimmer" namens Susanne Magdalene Münch, die sich, vor mehr als 200 Jahren, bei einem der gesellschaftlichen Treffen näherkamen. 1774 gab es den Grüneburgpark noch nicht. Der junge Goethe küßte und dichtete im Grünen ziemlich weit draußen vor den Toren der Stadt auf Wiesen, die der Vater einige Jahre später verkaufen sollte. 1000 Gulden brachte das auch für den Sohn, der den neuen Besitzern, dem Bankier Peter Heinrich von Bethmann-Metzler und dessen Schwiegersohn Joachim Schwarzkopf, auch freundschaftlich verbunden war. So gewöhnlich sein Nachname ist, so klingend war Schwarzkopfs Titel: Geheimer Legationsrat und Braunschweigisch wie Mecklenburgisch-Strelitzischer Ministerresident bei den kur- und oberrheinischen Kreisen. Ein Bankier, ein angehender Dichter und ein hoher Beamter stehen also an der Wiege des Grüneburgparks. Mit den Beamten und der Tochter wollte Bethmann-Metzler auf dem Gut "am Affenstein" wohnen, das auch als Steinkaut bezeichnet wurde, weil hier Steinbrüche waren, die neben den Obstwiesen von Goethes Vater lagen. Aber welcher Beamter oder Bankier wohnt gerne vor den Toren der Stadt auf einem Affenstein? Bethmann-Metzler erhielt daher 1789 die Genehmigung, den Besitz "Die grüne Burg" zu nennen.

Damit beginnt die Geschichte des Grüneburgparks, zu dessen Vorgeschichte jedoch noch ein wichtiges literarisches Ereignis gehört. Denn Goethe machte hier nicht nur Erfahrungen, die ihn zum Rosengedicht inspirierten. Hier reifte auch der Gedanke zum "Clavigo", nachdem er das "Memoire des Beaumarchais gegen Clavigo" im Original vorgetragen und Susanne ihn aufgefordert hatte, das Ganze in ein Schauspiel zu fassen.

Goethe, am Dichterstolz gefaßt, kündigte an, "über 8 Tagen den Gegenstand dieses Heftchens als Theaterstück vorzulegen" — und ließ auf dem Heimweg das Küssen sein, weil er "im Sinnen" war, wie der Landschaftsarchitekt Peter Jordan in seiner Monographie zum Grüneburgpark schreibt. Diese und andere Episoden allein schon machen den Ort für Jordan zu "einem bedeutenden Denkmal Frankfurts und ganz Deutschlands".

1837 wechselt das Gut in den Besitz von Anselm Mayer von Rothschild. In dieser Familie bleibt die Anlage bis zur Übergabe an die Stadt Frankfurt 1935. Die Rothschilds haben dem Garten jene Form gegeben, die in einigen Grundzügen auch heute noch erkennbar ist. Diese Gestaltung über das Jahrhundert hinweg war, so schreibt Jordan, ein "langsames Wachstum um einen Kern nach außen" und kein schöpferischer Paukenschlag oder eine "Planung aus einem Guß". Eine Rekonstruktion "des Originals" ist daher schwierig, nicht nur, weil die privaten Unterlagen der Besitzer im Zweiten Weltkrieg nahezu vollständig verlorengegangen sind. Aus zwei Plänen jedoch, dem von Walwert 1792 und dem Delkeskamp-Plan von 1864, lassen sich einige Rückschlüsse ziehen. Zunächst einmal gab es einen alles beherrschenden, zentralen Punkt im geformten Grün: Erhöht, wie auf einer Plattform, stand ein repräsentatives Herrenhaus, mit seitlichen Flügeln und einer sich zum Park hin öffnenden Terrasse. Von diesem "Schloß Grüneburg" führten zahlreiche Wege in den großen Garten, der mit allem ausgestattet war, was man auch in anderen herrschaftlichen Gärten der Zeit findet wie Schmuckbeete, Laubengänge, versteckte Pavillons, einen langgezogenen Teich mit einem chinesisch anmutenden Gartenhaus.

War die Sicht klar, konnten die Rothschilds den freien Blick auf den Taunus genießen. Auf die nachbarschaftlichen Wiesen indes konnten sie nicht schauen, denn die Grenzen ihres Grundstücks hatten sie, ihrer Zeit damit weit voraus, dicht bepflanzen lassen. Der Blick des Flaneurs, so wollte es die Familie, sollte entweder in die Weite schweifen oder aber zurück auf das Innere des Parks führen, quasi die Umkehrung des Sichtachsen-Prinzips. Dies, so fand Jordan heraus, war ein Hauptmotiv bei der Gestaltung des Gartens im sogenannten Gemischten Stil.

Vom Schloß ist nichts mehr erhalten. Der barock anmutende Bau, einst prächtiger Mittelpunkt der Anlage, wurde im Krieg zerstört, die Trümmer und Fundamente in den Jahren danach restlos beseitigt. Im Park weist heute nur eine Stelle auf den früheren Standort hin. Wer jedoch von hier aus seinen Weg beginnt, kann mit etwas Gespür die historische Situation erahnen. Die Führung der weit geschnittenen, ovalen Wege, die etwas tiefer gelegt sind, damit sie sich dem Blick entziehen, ist geblieben. Und auch andere wesentliche Kennzeichen dieser Zieranlage haben die Zeit überdauert. Das gilt für die Zufahrtsallee, für den 1870 erbauten "Wasser- und Aussichtsturm", für zahlreiche alte Bäume, die noch aus der Gründerzeit des Parks stammen, und auch für das Areal des historischen Wirtschaftshofs. Die ehemalige Orangerie ist zwar der griechisch-orthodoxen Kirche gewichen, in deren umgrenzender Mauer Steine der Orangerie eingebaut sind. Die Wirtschaftsnutzung auf einer separaten Fläche dahinter aber ist "original". Wo früher der Rothschildsche Hausgärtner Johannes Veit den Grünschnitt kompostierte, werfen heute die Mitarbeiter des Gartenamts den Rasenmäher an.

Veit, ein Bauernsohn aus dem Ried, wurde die gute Seele des Grüneburgparks. Nach den üblichen Bildungsreisen ins europäische Ausland ließ er sich in Frankfurt zunächst als Privatgärtner nieder, bis er Anstellung bei den Rothschilds fand. Der Garten wurde sein Lebenswerk, an dem er 25 Jahre bis zu seinem Tode 1903 arbeitete. Veit hat jedoch nur Vorschläge umgesetzt, die auf die Familie Siesmayer zurückgehen. Der Kunst- und Handelsgärtner Heinrich Siesmayer begründete den Ruf seines Hauses unter anderem mit dem Kurpark Bad Nauheim und dem Palmengarten. Zwei Erweiterungen des Grüneburgparks, die ihn, wie Jordan meint, zu einer stilreinen Anlage des "Gemischten Stils" machten, hat sein Sohn Philipp Siesmayer entworfen. Die Grüneburg gehört damit zu seinen bedeutenden Anlagen.

Natürlich waren aber auch immer die Hausherren an der Gartengestaltung beteiligt. Veit hat davon einige Episoden berichtet. So wurden im Garten große Bäume zunächst nur in Kübeln gepflanzt und "wie die Nippesfiguren" hin- und hergeschoben, bis die Komposition befriedigte. Dafür setzte Siesmayer Spezialmaschinen ein, mit denen man sogar Baumgruppen immer neu plazieren konnte.

Die städtische Geschichte des Grüneburgparks beginnt 1935. Über die Umstände, unter denen der Besitzerwechsel zur Zeit der nationalsozialistischen Herrschaft erfolgte, gibt es nach Jordan unterschiedliche Aussagen. Die "Übergabe" sei zumindest der Form nach keine Enteignung gewesen. Die Stadt wollte die Anlage, um sie von jeglichen jüdischen Gedanken zu reinigen, in ein "Reichs-Arboretum" verwandeln. Flächen im Anschluß an den Palmengarten und von dort "über die Ginnheimer Höhe den Hang hinab bis an die Nidda" sollten dazu einbezogen werden. Die Pläne wurden nie Wirklichkeit. 1936 gab es einige Veränderungen, darunter die untypische Verbreiterung der Wege, die man für einen Stadtpark für notwendig hielt. Dann kamen der Krieg und die Zerstörung des Schlosses.

Jordan meint, die Entscheidung, die baulichen Reste abzutransportieren, habe "dem Gesamtkomplex den größten Schaden zugefügt". Die Reste hätten für einen denkmalpflegerisch vertretbaren Wiederaufbau durchaus gereicht. Defizitverwaltung ist auch ein wenig die Aufgabe der städtischen Gärtner. Zwar liegt ein Parkpflegewerk für die unter Denkmalschutz stehende Anlage seit Jahren vor, aber es fehlt an Geld, die Vorschläge auch umzusetzen. So wird, auch mit Hilfe von Sozialhilfeempfängern, das Wegesystem nur mühsam und Stück für Stück erneuert, einige untypische Bäume wurden entfernt. In der Zeit vor dem Pflegewerk, so erzählt Werner Breuckmann, Abteilungsleiter im Garten- und Friedhofsamt, habe man ohne System munter drauflos gepflanzt. Auch sollen zugewachsene Sichtschneisen wieder freigelegt und nicht gewollte Durchblicke durch bodendeckende Gehölze verschlossen werden.

Schließlich hofft Breuckmann auf eine Arrondierung. Der sogenannte Dachsbau, eine Barackenanlage an der Grenze zum künftigen Universitäts-Campus, hatte die amerikanischen Streitkräfte einst vom Grüneburgpark abgetrennt — ebenso wie später die Stadt den Platz für eine Kindertagesstätte und die Jugendverkehrsschule. Umweltdezernent Thomas Koenigs (Die Grünen) hat erst vor kurzem gefordert, das Gelände des Dachsbaus dem Park zurückzugeben.

Günthersburgpark

Rittersitz, Lazarett, Residenz und Volkspark

Frankfurts ältester Spielpark ist bis heute ein idyllischer Anziehungspunkt für Kinder und Jugendliche ebenso wie für die ganze Familie, für Paare, Singles und Senioren, für passionierte Boule-, Tischtennis- und Schachspieler genauso wie für den jüngsten Kickernachwuchs. Gerade im Hochsommer tummeln sich im Günthersburgpark in Bornheim schon morgens Mütter mit ihren Kleinkindern, die jauchzend und am liebsten pu-

Der Günthersburg-
park demonstriert,
das Wasserspiele
nicht an das Zeit-
alter des Barock
gebunden sind.

delnackt unter den Fontänen des mit skurrilen und wasserspeienden steinernen Figuren ausgestatteten Planschbeckens herumspringen.

Nachmittags und abends aber macht der einst im englischen Stil angelegte Landschaftsgarten seinem Ruf als Volkspark alle Ehre: Rings um das Treiben am Bassin oder rund um die Stier-Figur, auf den Spielplätzen oder nahe des Freiluft-Cafés hinter der Rollschuhbahn lagern auf den Wiesen Großfamilien mit Picknick-Körben und Grill-Ausrüstung. Auch Jogger oder Thai-Chi-Fans nutzen die Anlage – nur Hunde sind hier nicht erlaubt, ja

181

streng untersagt. Weder von der mittelalterlichen Bornburg samt Wassergraben und Zugbrücke aber, noch von
dem 1855 unter Freiherr Mayer Carl von Rothschild errichteten Palais im römischen Stil finden sich noch ir-
gendwelche Spuren im Günthersburgpark. Nur die einstige Orangerie, die seit dem Wiederaufbau nach dem
Krieg Gebetstraum der evangelisch-reformierte Gnaden-
kirche ist, gibt noch Zeugnis der ehemaligen Bebauung

Mit dem Übergang in städtischen Besitz 1891 wurde der Park in den ersten öffentlichen Volkspark Frankfurts verwandelt. Der Anspruch beflügelt die Stadtverwaltung noch heute. 1985 gestaltete der Bildhauer Rainer Uhl dieses Planschbecken mit wasserspeienden Figuren.

und wechselvollen Geschichte. Mit dem Übergang in städtischen Besitz im Jahr 1891 wurde der Günthersburgpark in den ersten öffentlichen Volkspark Frankfurts verwandelt, wie es Rothschild als letzter in einer langen Reihe privater Besitzer beim Verkauf verfügt hatte. Auf seinen Wunsch hin mußte damals auch das Palais abgerissen werden – wohl wegen der schönen Erinnerungen an sein Leben darin, dessen bauliches Zeugnis der Freiherr nicht der Neugier Fremder preisgeben wollte.

Die einst wehrhafte Bornburg auf dem Ossenau genannten Gelände, das 1189 erstmals urkundlich erwähnt
wurde, war im Mittelalter der Stammsitz der Ritter von
Bornheim. Hinweise auf das Hofgut finden sich allerdings erst in Urkunden aus dem Jahr 1306. Besitzer war
damals Rulman Weiß von Limburg, der 1323 Bürger-
meister und 1327 Schultheiß von Frankfurt war, wie Dorothea Burger in ihrer Diplomarbeit über den
Günthersburgpark vermerkt. Bevor Johann von
Glauburg zu Lichtenstein das Gut 1490 übernahm und
es für 200 Jahre im Besitz seiner Familie bleiben sollte,
war die Burg offenbar von Hand zu Hand gegangen;
eine Zeitlang soll sie einem Patrizier namens Junge
Wisse gehört haben. 1552 schließlich wurde der Glau-
burger Hof, wie das Anwesen seit Ende des 15. Jahrhundert hieß, bei der Belagerung Frankfurts durch Markgraf
von Brandenburg niedergebrannt.

Zu seinem bis heute bestehenden Namen gelangte das
Gelände erst 1690: Damals erwarb ein gewisser Johann
Jakob Günther für 5700 Gulden die verwüsteten Gebäude samt 145 Morgen Land und nannte seinen Besitz
fortan Günthersburg. Nimmt man die widersprüch-
lichen historischen Quellen zusammen, war Günther ein
ebenso weltgewandter wie skrupelloser Geschäftsmann,
der, als Weinhändler reich geworden, in seinem Roten
Haus an der Zeil hochrangige Reichsfürsten bewirtete.
Als Händler von Getreide und militärischem Material
avancierte er zum Lieferanten des württembergischen
Heeres. In der wiederaufgebauten Burg in Bornheim
brachte er Kriegsgerät ebenso wie Rekruten unter, die er
mit Gewinn an kampfeslüsterne Fürsten veräußerte. Bei
seinem Tod 1722 allerdings war Günther hochverschul-
det, so daß sein Anwesen versteigert werden mußte.

Wieder folgten etliche Besitzerwechsel - 1813 beispiels-
weise diente der nun meist landwirtschaftlich genutzte
Hof als Lazarett für die Verwundeten der Schlacht bei
Hanau. Der Küfersohn und Rat der Stadt, Adam Beil,

ließ auf dem Gut in Bornheim Frankfurts erste Dampf-
mühle errichten, bevor er die Günthersburg samt
Gelände 1837 an Freiherr Carl Mayer von Rothschild
verkaufte, mit dem eine neue Ära für das Anwesen begann. Rothschilds Bruder Anselm erwarb im selben Jahr
das heute als Grüneburgpark bekannte Gelände im Westend.

Mit der Gestaltung betraute der neue Besitzer den damaligen Stadtgärtner Sebastian Rinz, der zuvor auch die
Frankfurter Wallanlagen in eine ebenso elegante wie üp-
piggrüne Promenade rings um die Innenstadt verwandelt und das Nizza am Mainufer entworfen hatte. Er
legte einen englischen Landschaftsgarten an, wie es damals Mode war. Statt der verwinkelten Wege sollte der
Park nun möglichst großräumig erscheinen, pointiert
plazierte Gehölze sollten Durchblicke und weitreichende
Perspektiven eröffnen.

Die heutige Anlage und auch die ältesten der gut 600
Bäume unter dem vielfältigen Pflanzenbestand stammen
wohl noch aus jener Zeit, wie Werner Breuckmann vom
Gartenamt am Beispiel einer etwa 150 Jahre alten Blut-
buche bestätigt. Die gesamte Flora im Günthersburgpark gilt nach dem Urteil von Fachleuten im Vergleich
zu anderen Gärten als besonders gesund — nicht nur die
drei mächtigen, gut 15 Meter aufragenden Platanen zwischen Bolzplatz und ehemaliger Rollerbahn, die mit ihren mehr als fünf Metern Stammumfang den berühmten
Platanenalleen in Südfrankreich durchaus Konkurrenz
machen. Wer mit einem botanischen Führer durch den
Park streift, kann nicht nur verschiedene und andernorts
seltene Ahorn-, Eschen-, Buchen-, Linden- oder Pappel-
arten kennenlernen. Auch Mammutbäume und Sumpf-
zypressen, Ginkgo und Amur-Korkbaum, riesige
Schwarzkiefern oder knorpelige Blaseneschen, stattliche
Trompeten-, Tulpen- und Blauglockenbäume, Amber-,
Judas- und Geweihbäume sowie Chinesisches Rotholz
oder die Kaukasische Flügelnuß gedeihen hier in trauter,
wenn auch für Breuckmann manchmal allzu exotischer

Viefalt. Die Reste der einstigen Günthersburg ließ 1855 der Sohn Rothschilds, Mayer Carl, abreißen und an seiner Stelle ein prächtiges Palais samt der noch heute erhaltenen Orangerie nach den Plänen des Baumeisters Friedrich Rumpf errichten. Im Osten des Parks entstand ein Jahrzehnt später die Rohtschildsche Meierei, der Luisenhof, dessen Wirtschaftsgebäude auch erhalten blieben, als die Bornheimer Heide der fortschreitenden Bebauung zum Opfer fiel, wie Dorothea Burger schreibt. Denn mit der Eingemeindung Bornheims 1877 wuchs auch der Siedlungsbedarf Frankfurts mit inzwischen rund 124.000 Einwohnern. Alsbald erkannte man in der Stadtverwaltung, daß es nicht nur Baugebiete auszuweisen, sondern rechtzeitig auch die nötigen Grünflächen zu erhalten galt. Zugleich wurden Forderungen nach öffentlichen Spielflächen laut, denn die bisher zugänglichen Grünflächen waren zumeist aufwendig gestaltete Schmuckanlagen, die kein Kinderfuß betreten durfte.

Als Mayer Carl von Rothschild 1886 starb und die Gebrüder Helfmann mit der Verwaltung von dessen Besitztümern betraut wurden, eröffnete sich für die Stadt die Chance, nicht nur den Luisenhof, sondern auch den Günthersburgpark zu erwerben. Der Kaufvertrag für das 28 Hektar große Anwesen - das Vierfache der heutigen historischen Parkfläche - wurde im Februar 1891 abgeschlossen. Der Preis betrug rund 873.000 Mark, und schon einen Monat später bewilligte die Stadt die nötigen Mittel zur Umgestaltung der inzwischen recht vernachlässigten Fläche in den ersten Volkspark Frankfurts, dem Jahre später erst Lohr- und Grüneburgpark, Holzhausen- oder Brentanopark folgen sollten. Betraut wurde mit der Aufgabe der damalige Stadtgärtner Andreas Weber, der zuvor unter anderem das Nizza am Untermainkai in seiner heute noch sichtbaren Gestalt angelegt hatte.

Nun wurden Wege verbreitert und der alte Baumbestand um neue Gehölze und Sträucher erweitert, Bänke auf den Promenaden installiert und Frankfurts erste Kinderspielplätze angelegt. Auch das Nestlesche Gartenhaus in Bockenheim, in dem Goethe einst gedichtet haben soll, wurde 1903 hierher versetzt. Das einzig erhaltene Gebäude, die Orangerie, diente schon seit April 1900 als Kaffeehaus. Heute vermittelt die wohl in den zwanziger errichtete Bedürfnisanstalt seit ihrem Umbau 1995 in einen Imbiß-Kiosk mit Tischen und Stühlen anspruchslos-leger ein wenig Gartencafé-Atmosphäre.

Auch Kunstwerke gibt es in der grünen Oase in Bornheim zu entdecken: Gleich gegenüber dem schmiedeeisernen Tor am Eingang Wetteraustraße steht Constantin Meuniers Sämann, eine lebensgroße Bronzestatue, die als Denkmal der Arbeit schon seit der Jahrhundertwende zum Park-Inventar gehört. Eine Herausforderung an Kletter- und Spraykünste Jugendlicher ist inmitten des Parks der 1910 entstandene, doch erst 1950 hier plazierte überlebensgroße Stier von Fritz Boehle. Der muskulöse Korpus besteht laut Frankfurts Denkmaltopographie aus getriebenem Kupferblech, das jedoch unter immer neuen poppig-bunten Farbschichten verborgen ist. Der Frankfurter Bildhauer Rainer Uhl war Schöpfer des 1985 neugestalteten Planschbeckens mit seiner rasanten Rutsche und den wasserspeienden Figuren aus rotem Spritzbeton, die zur lustigen Strandgesellschaft um vier Meter hohe stilisierte Wellen gruppiert sind.

An die im Zweiten Weltkrieg verwüstete historische Parkanlage, die in den siebziger Jahren dem Zubringer einer geplanten Stadtautobahn geopfert werden sollte, schließt sich seit einigen Jahren im Norden ein ebenso lange geplantes wie umstrittenes, doch noch immer recht kahles Erweiterungsareal an: Das Gelände der ehemaligen Stadtgärtnerei, das die Fläche des Günthersburgparks fast verdoppelt. Grund für die Wüstenei, die nach dem Abriß der Gewächshäuser nur von einer dünnen Grasschicht bedeckt ist und wegen des auch hier geltenden Hundeverbots mehrfach schon zum Zankapfel im Ortsbeirat wurde, ist das fehlende Geld für eine großzügige Neugestaltung. So bleiben die Pläne von Dieter Kienast aus Zürich, der 1991 den ersten Preis eines Ideenwettbewerbs gewann, vorerst in der Schublade. Doch auch wenn die einzelnen jungen Bäumchen - von Sponsoren gestiftet – und etwas Buschwerk hier und da recht verloren wirken, hindert das den städtischen Gartenbetreuer nicht, Ideen für eine sukzessive und bezahlbare Verschönerung zu schmieden.

Der Park St. Georgen

Eine typisch frankfurterische Anlage

Vor der Gartenkunst steht eine hohe Mauer, und nur der Weg an einer Pforte vorbei führt ins grüne Paradies: Der Park der Theologisch-Philosophischen Hochschule Sankt Georgen scheint sich zu verstecken, und so klein, wie er ist, kann der Autofahrer auf der Offenbacher Landstraße seine Schönheit nur an den Baumwipfeln erahnen, die sich zum Himmel strecken. Vielleicht hat er, sieht man von den Oberrädern und den Studenten und Freunden der Hochschule einmal ab, deshalb keinen sonderlich großen Bekanntheitsgrad.

Die alte Mauer trennt Welten. Vor ihr liegt ein graues Asphaltband, dahinter öffnet sich zunächst das "Vorzimmer" des Parks von Sankt Georgen, ein 30 Meter breiter bepflanzter Streifen zwischen Straßenmauer und Hochschulgebäuden, die quer zur Landstraße stehen. Erst wer diese zweite, moderne Abschirmung umrundet hat, steht im eigentlichen Garten – und wundert sich vermutlich zunächst über das vollkommen gewandelte Klangbild: Statt der Motorengeräusche ein heftiges Vogelgezwitscher wie in einer Voliere. Hier schlägt hörbar das Herz der Anlage, die sich dem Besucher öffnet: Der Blick fällt auf die sanft ansteigende Wiese, stößt auf alte, gewaltige Blutbuchen und bleibt schließlich hängen an den dichtbepflanzten Rändern, wo Eichen, Robinien, Linden, Eschen und botanische Raritäten wie Kaukasische Flügelnuß, Trompetenbaum, Ginkgo und der runzelblättrige Schneeball die letzte, grüne Mauer bilden. Das alles hat vergleichsweise bescheidene Ausmaße, aber belegt die These Hugo von Hofmannsthals, daß die Maße eines Gartens nebensächlich seien: "Was die Möglichkeit seiner Schönheit betrifft, so ist seine Ausdehnung so gleichgültig, wie es gleichgültig ist, ob ein Bild groß oder klein, ob ein Gedicht zehn oder hundert Zeilen lang ist." In Oberrad liegt das Wortspiel "grünes Paradies" nahe, weil die Hausherren seit 1925 Jesuiten sind; Sankt Georgen vereint heute unter seinem Dach das Priesterseminar, die Jesuitenkommunität und die Hochschule. Für den Park ist dieser Umstand von eminenter Bedeutung. Unter dem Dach der Norddeutschen Provinz des Ordens wurde er zwar nicht vor den Bombenabwürfen 1945 geschützt, die alle Gebäude nahezu vollständig in Schutt und Asche legten.

Die kontinuierliche Pflege der Jesuiten hat den einstigen Bankiers-Landsitz aber vor jenem Ausmaß an ziviler Zerstörung durch blinde Bauwut und rücksichtslose Parzellierung bewahrt, von denen nach dem Ersten und dem Zweiten Weltkrieg so viele Grünanlagen in der Stadt heimgesucht wurden. Sieht man von dem Gebäuderiegel ab, der einen Teil der Gartenfläche beanspruchte, blieb die Anlage nach dem Krieg unangetastet.

Dieses Lob, speziell an Bruder Julius Kox, der sich nahezu 30 Jahre lang bis zu seinem Tod 1962 um den Park gekümmert hat, besitzt Verwaltungsleiter Martin Löwenstein SJ seit vergangenem Herbst schriftlich und vor allem aus fachlich-berufener Kenntnis der Studentinnen Andrea Koenecke und Barbara Vogt von der Universität Hannover, die beide die Geschichte des Gartens akribisch untersucht haben. Fußend auf dem Resultat ihrer historischen Forschungen legten sie ein Konzept für die weitere Pflege vor, an dem der frühere Gartenamtsleiter Frank Blekken als Betreuer der Arbeiten mitgewirkt hat.

Die Seminaristen und Studenten von Sankt Georgen dürfen sich bei ihren Spaziergängen zwischen den Vorlesungen wie Plato oder Epikur vorkommen, die in ihren Akademie-Gärten wandelnd Philosophie trieben. Der Park schenkt Stille und Beschaulichkeit und inspiriert sicherlich besonders, wenn es um so schwierige Seminarthemen geht wie den "ungerechten Mammon". Schließlich läßt sich im Gelände hinter dem Hörsaaltrakt noch immer etwas von der Lebenswelt Frankfurter

Patrizierfamilien erahnen, von jener künstlerisch gestei-
gerten Natürlichkeit, die im 19. Jahrhundert den Rahmen gutbürgerlichen Lebens abgab. Dort, wo heute die
alte Kapelle steht, befand sich einst jene ländliche Villa
im Stil des französischen Klassizismus, die 1843 Johann
Georg Konrad von Saint-George hatte errichten lassen
und die den Mittelpunkt dieses Sommersitzes vor den
Stadttoren bildete, mit Teich und Schwänen vor der

Sebastian Rinz und
dessen Enkel
Andreas Weber gel-
ten als die Schöpfer
des Oberräder Gar-
tens, dessen Haus-
herren seit 1925
Jesuiten sind. Der
Tempel im Süden des
Anwesens geht auf
Weber zurück.

191

Terrasse und freiem Blick auf das Stadtpanorama mit Dom und Taunus.

Saint-George war der Prototyp des erfolgreichen Bankiers. Um die Jahrhundertwende von Speyer gekommen, fand er zunächst eine Anstellung bei der Bethmann-Bank. Einige Jahre später heiratete er Margarethe Luise Bethmann-Hollweg, die zweitälteste Tochter des früheren Besitzers, woraufhin er im darauffolgenden Jahr als Teilhaber des Bankhauses aufgenommen wurde. Als er den Garten kaufte, erwarb er ein Grundstück mit standesgemäßer Ahnenreihe, zu der Johann Jakob Bethmann-Hollweg gehört, der Bankier Heinrich Mülhens und später seine Tochter Maria Anna Freifrau von Leonhardi. Nach dem Tod Saint-Georges ging der Besitz an die älteste Tochter Katharina Elisabeth über, die ebenfalls mit einem Bankier, Peter Carl Grunelius, verheiratet war. Nach ihrem Tod erbte Sohn Moritz Haus und Garten, dessen Erben wiederum den Besitz 1925 an die Jesuiten verkauften.

Also wieder ein Garten, dessen Eigentümer wohlhabende Frankfurter sind. Was ist an ihm das Besondere? Was hebt ihn von anderen Parks ab? Im Falle von Sankt Georgen ist das Typische seine Durchschnittlichkeit. Die Anlage repräsentiert auf typische Weise die Lebenskultur der "normalen" Patrizierfamilien: Weniger vornehm und opulent gestaltet wie das Palais der Bethmanns an der Friedberger Landstraße, entsprach der Park in seiner Größe und der Nutzung als Obst,- Gemüse- und Ziergarten ganz den Sommerresidenzen, wie sie im 19. Jahrhundert in den vornehmen Kreisen üblich waren — und hat damit Seltenheitswert, wie Koenecke und Vogt glauben.

Typisch frankfurterisch ist er aber noch aus einem zweiten Grund: Die Anlage in Oberrad geht auf den Gartenkünstler Sebastian Rinz zurück, der als Schöpfer des Frankfurter Anlagenrings gilt. Rinz war von 1817 bis zu seinem Tod 1861 Stadtgärtner. Zahlreiche Privatgärten in Frankfurt und Umgebung tragen seine

Handschrift, der Günthersburgpark etwa, der Jagdpark von Bethmann an der Louisa, der Park Brentano in Rödelheim, aber auch die Kuranlagen in Wiesbaden, Schloß Johannisberg sowie "eine große Zahl der Gärten um die älteren Villen im Rheingau". Von 1843 an pflanzte er im Auftrag von Saint-George in Oberrad.

Sein Werk setzte in den siebziger Jahren Enkel Andreas Weber fort, dessen Name ebenfalls eng mit der Gartenkunst in Frankfurt verbunden ist. Er leitete von 1861 an die Stadtgärtnerei und gilt als Schöpfer des "Nizza" am Untermainkai, außerdem hat er 1892 an der Umgestaltung des Günthersburgparks mitgewirkt und am Zoologischen Garten. In Oberrad schuf er im Auftrag von Witwe Grunelius auf früheren Wirtschaftsflächen einen ganz neuen Gartenteil, modifizierte gleichzeitig die bestehenden landschaftlichen Anlagen um die Villa und am Lindenhaus und fügte alles zu einem einheitlichen Gebilde im sogenannten Gemischten Stil zusammen.

Von den Gebäuden, die durch Weber in Oberrad errichtet wurden, existiert heute nur noch der Tempel auf der Anhöhe im Süden des Gartens. Das einstige Lindenhaus, das Gärtnerhaus und die Villa wurden nach den Zerstörungen im Zweiten Weltkrieg nicht mehr aufgebaut, so daß wesentliche Elemente des früheren Villenparks der Patrizierfamilie Grunelius heute fehlen. Aber die von Rinz angelegte und von Weber später erweiterte Anlage blieb in ihren Strukturen trotz der späteren regen Bautätigkeit des Ordens in den übrigen Teilen erhalten.

Dies ist auch das Verdienst einer ungewöhnlich kontinuierlichen Pflegearbeit, die die beiden Grundtugenden des Gärtners — Geduld und Ausdauer — beherzigte. Für Menschen wie den Gärtner Born, der 50 Jahre lange bis 1943 in Sankt Georgen arbeitete, und Bruder Kox wurden die Bäume, Blumen und Sträucher Teil ihres Lebenswerks, das seit 1974 Rainer Koltermann SJ fortsetzt und Gärtnermeister Gerald von Möller. Alles zusammen sind das mehr als 150 Jahre Gartenpflege an einem Stück — für Frankfurt wahrlich eine Seltenheit.

Regionalpark Rhein-Main

Ein Blick in die Zukunft

Historisch ist er nicht. Und als Park ungewöhnlich: Der Regionalpark Rhein-Main. Wer eine klassische Grünanlage erwartet mit getrimmten Rasenflächen, Blumen- oder Baumarrangements, wird enttäuscht sein. Aber auch derjenige, der naturnahe Wiesen und Felder auf einer abgegrenzten Fläche vermutet, wie das frühere Bundesgartenschau-Gelände in Frankfurt, wird überrascht sein. Unter dem Schlagwort Regionalpark verbirgt sich ein weites Netz von Erholungsflächen: quasi ein Band aus Wäldern, Streuobstwiesen, Feldern, Flußniederungen und angelegten Natur- oder Kunstattraktionen, das sich einmal in der Region rund um Frankfurt ausprägen soll.

In-Wert-Setzung von Landschaft ist das Stichwort der Planer. Vorhandene Grünflächen sollen von den Einwohnern gezielt als Erholungsgebiete wahrgenommen werden und nicht nur als Freiflächen, die man bisher noch nicht bebaut hat. Vernetzung ist dabei ein Grundsatz, um diese Aufwertung der Freiflächen bei den Bürgern zu erreichen. Feldwege beispielsweise, die eigentlich nur der Landwirtschaft dienen und nicht selten im Nichts enden, werden zu Rad- und Erholungswegen ausgebaut, die entlang eines Baches zum nächsten Wald führen.

Das Prinzip klingt einfach, wird aber selten umgesetzt. Denn zum einen müssen sich Landschaftsplaner gegen Architekten, Bauherren und Baudezernenten durchsetzen, damit Landschaft tatsächlich freigehalten wird, zum anderen gehören die vorhandenen Grünflächen und Wege selten der öffentlichen Hand. Für die Vernetzung müssen Flächen aufgekauft werden, Projekte, die in den Zeiten leerer Kassen kaum Befürworter finden. Als Musterbeispiel für die Planer gilt der Frankfurter Grüngürtel, der in der Mainmetropole seit einigen Jahren umgesetzt wird.

Vor einigen Jahren beschloß der Umlandverband, ein vergleichbares Projekt in der Region anzugehen, den Regionalpark Rhein-Main. In einem ersten Schritt, einem Pilotprojekt, werden zur Zeit die Städte Flörsheim, Hattersheim und Hochheim durch Wege und Anlagen miteinander verbunden. Dieser Regionalparkweg soll zur Jahrtausendwende 18 Kilometer lang sein und von der westlichen Stadtgrenze Frankfurts bis nach Wiesbaden führen. Weitere Regionalparkabschnitte sind in der Planung, wie im Rodgau, bei Egelsbach, in der Gemarkung der Stadt Dietzenbach, rund um den Flughafen und im östlichen Teil des Rhein-Main-Gebiets. So soll von der Stadt Maintal aus die Anknüpfung nach Frankfurt zum Grüngürtel gefunden werden, wie auf der anderen Seite zur geplanten Landesgartenschau in Hanau. Grundlage des Regionalparks ist das mehr als 25 Jahre alte Konzept der Regionalen Grünzüge. Damals wurde Politikern und Planern bewußt, daß in einem Ballungsraum wie dem Rhein-Main-Gebiet mit mehr als zwei Millionen Einwohnern nicht allein Straßen, Schienenwege, Wohn- und Gewerbegebiete sinnvoll geplant werden müssen, sondern auch die Grünflächen zur Erholung und zum Natur-, Umwelt- und Klimaschutz: Umgeben von Mittelgebirgen gibt es manchmal tagelang kaum eine Luftbewegung im Rhein-Main-Gebiet. Deshalb müssen wir Frischluftschneisen einrichten, um kühle und frische Luft zu bekommen, heißt es in einer Broschüre von 1972 der Regionalen Planungsgemeinschaft Untermain, dem Vorläufer des heutigen Umlandverbands.

Damals wünschte man sich, daß diese Grünzüge eines Tages zu einer attraktiven Parklandschaft zusammenwachsen. Es sei zwar gelungen, die Grünzüge in ihrem Kern von der Bebauung freizuhalten, heißt es aus dem Umlandverband, sie hätten jedoch erheblich an naturraumtypischen Strukturen und damit an Erholungsqualität eingebüßt.

Das soll sich jetzt durch den geplanten Regionalpark ändern. Der Park ist kein Versuch, Idylle zu produzieren, sagt Lorenz Rautenstrauch, Geschäftsführer der Regionalpark Rhein-Main GmbH, vielmehr soll der Regionalparkweg zwischen Hattersheim und Hochheim seinen Besuchern Stadtlandschaft zeigen und ihnen zeigen, daß eine Landschaft bei allen Belastungen ihre Reize haben kann.

Erste Etappen des Pilotprojekts im Main-Taunus-Kreis sind realisiert. Das Tor zum Regionalpark ist an der S-Bahn-Station in Hattersheim. In unmittelbarer Nähe entstand in diesem Sommer ein 1,3 Hektar großer Rosengarten. Von dort führt die Route über eine fast 100 Jahre alte Lindenallee zu einem im Frühjahr angelegten Obstgarten und weiter zur neuen Speierlingallee. Der Speierling, ein fruchttragender Baum mit Bedeutung für die Apfelweinherstellung, war früher häufig in der Region zu finden. Von der Allee geht es weiter bis zum Nußbaumquartier, einer Anpflanzung von 27 Walnußbäumen auf einem Wiesengelände. Und in dieser Art, der Verknüpfung von Vorhandenem und neuen Pflanzungen und Arrangements, soll der Regionalparkweg bis zur Wiesbadener Stadtgrenze führen. Vorbei auch an Industriedenkmälern, wie den alten Kalkbrennöfen in der Nähe eines bis vor wenigen Jahren genutzten Kalksteinbruchs, oder an der Flörsheimer Warte, einem Beobachtungsturm der Mainzer Kurfürsten aus dem 15. Jahrhundert, der im vergangenen Jahr wieder aufgebaut wurde. Kleinräumige, abwechslungsreiche Landschaftsbilder aus Hecken, Alleen, Gehölzen und Wiesen sollen das Interesse der Spaziergänger an ihrer Landschaft vor der Haustür wecken und durch einzelne Attraktionen zum Erholungsweg machen. Blickachsen, die in Landschaftsgärten zur Grundausstattung gehören, entstehen zum Taunus, zum Mainufer, aber auch zu den startenden und landenden Flugzeugen des nahe gelegenen Frankfurter Flughafens. Um den Regionalparkweg im Gelände auch tatsächlich von anderen Wegen unterscheiden zu können, soll er an beiden Seiten einen mindestens zehn Meter breiten Wiesenstreifen erhalten und damit zum wichtigsten Erkennungszeichen dieses Parks neuen Typs werden.

Noch ist der Regionalpark Rhein-Main stärker in den Köpfen der Planer verankert als im Bewußtsein der Bewohner des Rhein-Main-Gebiets. Friedhelm Blume, Prokurist der Regionalpark Rhein-Main GmbH, weiß, daß es ein langer Prozeß sein wird, bis die Bewohner von ihrem Park sprechen. Er ist aber zuversichtlich, daß sie sich eines Tages mit der Route identifizieren und dann, so hofft er, auch nicht mehr so klaglos hinnehmen, wenn wertvolle Freiflächen einfach verbaut werden.

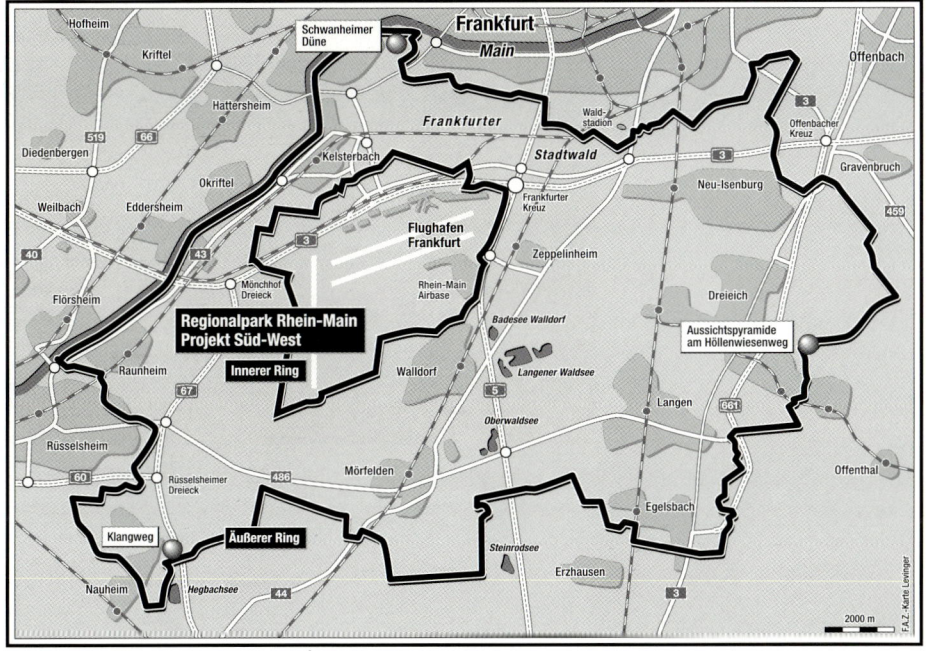

Anhang

Serviceteil

Die hessischen Gärten

Weilburger Schloßgarten

Der Park ist geöffnet ab 7.30 Uhr bis zum Einbruch der Dunkelheit. Führungen sind möglich von Mai bis Oktober nach telefonischer Absprache unter 06471/2236 und kosten pro Person 6 Mark (Schüler 4 Mark, Schulklassen/Gruppen je 2 Mark).

Das Schloßterrassen-Café, Untere Orangerie, ist täglich ab 10 Uhr bis 21 Uhr geöffnet von März bis Oktober. (Tel./Fax: 06471/30611)

Jedes Jahr im Juni und Juli finden die Weilburger Schloßkonzerte statt.

Klostergarten Seligenstadt

Der Garten der Alten Abtei ist täglich von 7 bis 20 Uhr geöffnet. Führungen können vereinbart werden unter Telefon 06182/22640.

Das Museum in der Prälatur öffnet Dienstag bis Sonntag von 10 bis 16 Uhr. Die Führungen finden stündlich (im Winter nur bis 15 Uhr) statt und kosten 5 Mark, ermäßigt 3 Mark, für Familien 13 Mark. Das Landschaftsmuseum in der Alten Abtei ist von Dienstag bis Donnerstag ab 10 bis 18 Uhr geöffnet (Oktober bis März von 10 bis 17 Uhr). Die Eintrittspreise belaufen sich auf 2 Mark, Kinder 1 Mark. Auch hier sind Führungen nach telefonischer Voranmeldung unter 06182/20455 möglich. Das Museumscafé im Landschaftsmuseum öffnet parallel zu den Museums-Öffnungszeiten.

Kasseler Karlsaue

Der Park ist jederzeit frei zugänglich. Führungen können unter Telefon 0561/12416 vereinbart werden und kosten für Gruppen ab 15 Personen 70 Mark.

Die Insel Siebenbergen ist geöffnet von April bis

Oktober von 10 bis 19 Uhr (Eintrittspreise: 3 Mark, ermäßigt 2 Mark). Führungen sind nach telefonischer Vereinbarung unter 0561/12416 möglich und kosten: 6 Mark. Die Technik- und Astronomieausstellung im Orangeriemuseum öffnet Dienstag bis Sonntag von 10 bis 17 Uhr. Der Eintritt kostet 5 Mark (ermäßigt 3 Mark, Gruppen 70 Mark).

Es finden regelmäßig Planetariums-Vorführungen statt (Dienstag, Donnerstag, Samstag um 14 Uhr, Mittwoch, Freitag, Sonntag um 15 Uhr, Donnerstag um 20 Uhr. Kosten: 7 Mark, ermäßigt 5 Mark).

Die Öffnungszeiten des Orangerie-Cafés richten sich nach dem Wetter. Telefon 0561/780971

Wilhelmshöhe Kassel

Die Parkanlagen sind jederzeit frei zugänglich. Zweistündige Führungen finden nach telefonischer Anmeldung unter 0561/32280 statt und kosten 10 Mark (ermäßigt 7 Mark, Familien 25 Mark). Führungen durch Weißensteinflügel und Löwenburg finden Dienstag bis Sonntag ab 10 bis 17 Uhr zu jeder Stunde satt und kosten für Erwachsene und Familien 6 Mark (ermäßigt 4 Mark). Die Führungen am Herkules finden täglich von 10 bis 17 Uhr statt und kosten 3 Mark, ermäßigt 2 Mark, für Familien 8 Mark. In den Wintermonaten werden die Besichtigungen eine Stunde früher beendet.

Innerhalb der Parkanlage befinden sich eine Reihe gastronomischer Betriebe: Restaurant "Am Herkules" Tel.: 0561/312460. Kaskaden Restaurant Tel.: 0561/33219. Schloßcafé Tel.: 0561/32543. Schloßhotel Tel.: 0561/30880.

Die Wasserkünste sind mittwochs, sonn- und feiertags von Christi Himmelfahrt bis 3. Oktober jeweils zwischen 14.30 und 15.30 Uhr zu sehen. Jeden ersten Samstag in den Sommermonaten finden beleuchtete Wasserspiele um 21.30 Uhr statt. Zuvor ist das Schloßmuseum Weißensteinflügel bei Kerzenschein begehbar von 20 bis 22 Uhr.

Schloßpark Wilhelmsthal Calden

Der Park ist jederzeit frei zugänglich. Führungen durch den Park finden nach telefonischer Anmeldung (Tel.: 0561/32280) statt und kosten 10 Mark, ermäßigt 7 Mark. Führungen durch das Schloß sind Dienstag bis Sonntag stündlich von 10 bis 17 Uhr möglich und kosten 6 Mark, für Familien 6 Mark. Das Restaurant/Café Schloßhotel öffnet dienstags bis samstags von 12 bis 21 Uhr, sonntags von 12 bis 18 Uhr (Tel.: 05674/848).

Botanischer Garten der Universität Gießen

Der Garten ist geöffnet vom 20. März bis 30. April und vom 1. bis 20. Oktober jeweils von 8 bis 15.30 Uhr. Vom 1. Mai bis 31. August montags bis freitags von 10 bis 15.30 Uhr. Vom 1. bis 15. September können die Gewächshäuser montags bis freitags von 10 bis 12 Uhr und von 13.30 bis 15.30 Uhr besichtigt werden, an Wochenenden und Feiertagen von 10 bis 12 Uhr.

Führungen sind nach Absprache möglich unter Telefon 0641/9935240

Prinz-Georg-Garten Darmstadt

Der Garten ist geöffnet von April bis September von 7 bis 19 Uhr, von Oktober bis März von 8 bis 19 Uhr.

Herrngarten Darmstadt

Die Parkanlagen sind jederzeit frei zugänglich. Führungen können unter Telefon 06151/20228 vereinbart werden. Die Kosten dafür richten sich nach der Größe der Gruppe.

Park Rosenhöhe Darmstadt

Die Anlage ist frei zugänglich. Führungen sind nach Absprache mit dem "Förderverein Park Rosenhöhe e.V." unter Tel.: 06151/713581 möglich. Der Verkehrsverein Darmstadt bietet ebenfalls Rundgänge über die Rosenhöhe an, die telefonisch unter 06151/132078 vereinbart werden können.

Fürstenlager Bensheim

Geöffnet ist die Anlage täglich durchgehend. Führungen sind nach telefonischer Anmeldung (06251/93460) möglich und kosten: 6 Mark/Gruppen 4 Mark.

Das Weißzeughäuschen öffnet Dienstag bis Freitag von 14 bis 17 Uhr, Samstag von 10 bis 12 Uhr und 13 bis 17 Uhr, an Sonn- und Feiertagen von 10 bis 17 Uhr. In der "Wache" ist eine Dauerausstellung über die Geschichte des Fürstenlagers zu sehen, die samstags und sonntags von 10 bis 17 Uhr besichtigt werden kann. Im Damenbau ist die Großherzogliche Porzellansammlung ausgestellt und kann dienstags bis samstags von 14 bis 17 Uhr und sonntags von 10 bis 17 Uhr besichtigt werden. Der Eintritt kostet 4 Mark/Gruppen 3 Mark.

Das Café/Restaurant ist täglich geöffnet (Tel.: 06251/ 72274 u. 70900).

Kurpark Bad Homburg

Die Parkanlagen sind jederzeit frei zugänglich. Jedoch nur für Fußgänger; für Radfahrer sind die meisten Wege gesperrt. Es befinden sich zahlreiche Cafés und Restaurants innerhalb und am Rande des Kurparks.

Regelmäßig in den Sommermonaten finden Veranstaltungen, wie zum Beispiel der "Bad Homburger Sommer" im Juli oder das Laternenfest im August statt.

Schloßpark Bad Homburg

Der Park wird geöffnet von 7 bis 21 Uhr (im Winter von 8 Uhr bis zum Einbruch der Dunkelheit).

Führungen durch Schloß, Schloßkirche und Englischen Flügel finden jeweils Dienstag bis Sonntag von März bis Oktober stündlich von 10 bis 16 Uhr, von November bis Februar von 10 bis 15 Uhr statt und kosten 6 Mark, ermäßigt 4 Mark, Weißer Turm 1 Mark (Anmeldung unter 06172/21530).

Von Mai bis September finden literarische Führungen unter dem Motto "Schloß Homburg in der Literatur" sowie historische Schloßparkführungen statt. Während des Laternenfestes im August kann das Schloß bei Kerzenschein besichtigt werden.

Staatspark Wilhelmsbad Hanau

Die Anlage ist jederzeit frei zugänglich. Führungen finden nach telefonischer Anmeldung unter 06181/83376 statt. Das Puppenmuseum ist dienstags bis sonntags von 10 bis 12 Uhr und 14 bis 17 Uhr geöffnet.

Stadtpark Rüsselsheim

Der Park ist geöffnet ab 6 Uhr bis zum Einbruch der Dunkelheit. Führungen finden nach telefonischer Anmeldung unter 06142/832830 möglich.

Schloßpark Rumpenheim

Der Park ist frei zugänglich.

Schloßpark Biebrich

Die Parkanlagen sind jederzeit frei zugänglich. Die Besichtigung des Schosses ist einmal im Monat nach Anmeldung (dienstags und freitags von 8.30 bis 12 Uhr) unter Telefon 0611/306655 möglich.

Die folgenden vorgestellten Gärten in Frankfurt sind bis auf wenige Ausnahmen durchgehend geöffnet, Eintritt wird nicht erhoben. Einzig der kleine Park der Philosophisch-Theologischen Hochschule **Sankt Georgen** wird mit beginnender Dunkelheit geschlossen. Wer tagsüber dort spazierengehen möchte, kann dies jederzeit. Besucher werden jedoch gebeten, sich an der Pforte direkt am Eingang zu melden. Auch der chinesische Garten im **Bethmann-Park** wird abgesperrt, wenn es zu dunkeln beginnt. Der **Palmengarten** in Frankfurt hat unterschiedliche Kassenöffnungszeiten: März bis Oktober von 9 bis 18 Uhr, November bis Januar von 9 bis 16 Uhr und im Februar von 9 bis 17 Uhr. Der Eintritt beträgt für Erwachsene 7 Mark, Kinder zahlen 3 Mark, Familien 15 Mark, für Schwerbehinderte, Rollstuhlfahrer, Blinde und Hirnverletzte ist der Eintritt frei. Außerdem gibt es einen "Mondscheintarif" am späten Nachmittag oder Abend mit Eintrittspreisen von 3,50 Mark für Erwachsene und 1,50 Mark für Kinder. Das Gesellschaftshaus im Palmengarten und das Palmenrestaurant bieten Gastronomie, einen Festsaal und Räume für Veranstaltungen (069/9757510). Die Cafeteria hat von März bis Oktober geöffnet. An der Zeppelinallee liegt das Café-Restaurant Villa Leonhardi (069/742535-36). Im Palmengarten besteht die Möglichkeit, ein Boot zu mieten und mit dem Palmenexpreß zu fahren. Außerdem gibt es Kinderspielplätze. Gärtnerisch-botanische Literatur wird in einer Boutique am Eingangsschauhaus angeboten.